김병완의 행복학 시리즈
3부작 제2권

행복도 전략이다

김병완

행복도 기술이며, 전략이며, 실력이다.
그러므로 무조건 행복하라

플랫폼연구소

김병완의 행복학 시리즈 3부작 제2권

제목: 행복도 전략이다

부제: 지금 이 순간 결정하는 사람이 성공한다

인생에 주어진 의무는 다른 아무것도 없다네.

다만 행복하라는 한 가지 의무뿐,

우리는 행복하기 위해 세상에 왔지. <헤르만 헤세>

Prologue / 성공을 위한 단 하나의 법칙

모든 사람은 성공을 꿈꾼다. 그러나 누구에게나 성공의 길이 열리는 것은 아니다. 진정 최고가 되는 사람은 소수에 불과하다. 경제적인 성공만이 성공은 아니다. 사회적인 명성이 성공의 목표도 아니다. 진정한 성공은 타인의 평가가 아니라 스스로 얻는 것이기 때문이다.

성공을 꿈꾸고 그것을 위해 노력하는 것은 결국 자신과의 싸움이다. 선택한 것에 대한 용기와 실천, 그리고 자신에 대한 믿음만이 성공의 열쇠라는 뜻이다.

자신은 아무런 재능이나 능력이 없다고 한탄하는 사람이 있다. 그래서 성공하지 못한다고 말한다. 남들보다 재능이나 능력이 없으니 어쩔 수 없다고 좌절하기도 한다. 과연 재능이 없어서 성공하지 못하는 것일까?

결론적으로 말하면 성공은 재능으로 하는 것이 아니다. 재능만 갖고 성공하는 사람은 없다. 물론 재능이 있다면 도움은 되겠지만 재능이 곧 성공과 같지는 않다. 도전과 실천 없이 재능만으로는 아무런 결실을 얻을 수 없기 때문이다.

성공한 사람 중 스스로 재능이 많다고 생각하는 사람은 그리 많지 않다. 오히려 부족한 것이 많다고 말한다. 그렇다면 과연 어떤 점이 그들을 성공으로 이끌었을까? 그것은 자신에 대해 신뢰했기 때문이다.

'자신이 없다' 란 말은 '의욕이 없다' 는 말이다. 따라서 성공을 방해하는 것은 외부에 있는 것이 아니라 자신의 내부에 숨어 있는 것이다. 더 나아가 실력이란 이 내적인 적을 타파하는 정신력과 행동력이다.

그렇다면 그런 내적인 적을 이기는 방법은 무엇일까? 가장 중요한 것은 모든 것을 부정적으로 생각하는 고정관념을 버리는 것이다. 폐쇄적인 고정관념을 갖고 있으면 처음부터 일이 순조롭게 풀릴 리 없다.

어떤 일이 생겨도 좋은 면, 밝은 면만 보면서 가능성을 발견하는 플러스적인 사고를 가져야 한다. 그리고 어떤 어려움이 생겨도 긍정적으로 생각하고 적극적으로 도전하는 용기를 가져야 한다. 무슨 일에든 도전해 본다는 자세를 가진다면 이미 절반은 성공한 셈이 된다.

이 책을 쓰게 된 동기는 보다 더 행복하고 성공적인 삶을 살 수 있는 길을 제시하려는 것이다. 물론 이러한 내용을 다루고 있는 책들은 서점에 가든, 가지 않든 차고 넘치는 것이 우리가 사는 현대의 현실이다. 하지만 책 대부분이 행복과 성공을 별개로 나누어서, 행복하기 위해서는 성공하지 않아야 한다고 말하는 책이 많거나, 아니면 아예 성공하면 행복해 질 수 있다는 뉘앙스를 풍기면서, 성공과 부를 획득하는 것이 최고로 좋은 인생을 살아 가는 것인양, 그것을 획득하기 위한 비법과 방법을 다루고 있는 책들이다.

하지만 이 책은 이런 부류의 책들과 다르다. 달라도 많이 다르다. 왜냐하면 성공과 행복을 나누거나, 행복이 성공의 종속변수라고 말하지 않기 때문이다. 오히려 성공이 행복의 종속변수라고 말하고 있다. 이 책은 필자처럼 참된 행복과 성공의 길을 찾으려고 수많은 자기계발서를 뒤적이거나, 많은 고민과 사색을 하고 있을 독자들을 위해 쓴 책이다. 그런 독자들의 시간과 노력을 아껴주고 인생을 이전보다 더 행복하게 살면서, 동시에 충만하고 풍성한 성공적인 삶까지 살 수 있도록 조력해주기 위해서이다.

이 세상에는 수도 없이 많은 책이 존재한다. 그리고 그 책들이 주장하는 내용 또한 천차만별이다. 그래서 어떤 책을 읽었느냐에 따라서 삶이 바뀌고 인생의 길이 달라질 수 있다. 그렇다면 이 책의 독자들은 어떤 인생의 길로 가게 될까?

이 책을 통해 제시하고자 하는 삶의 길은 행복만을 제일 우선시하는 그런 길이 아니다. 행복과 동행하면서 목적지는 성공이라는 인생의 길이다.

세상이 변하고 시대가 달라졌기 때문에 과거에는 존재하지 않았던 삶의 다양한 길들이 생겨났다. 그리고 이 책에서 제시하고자 하는 삶의 길 또한 시대의 변화로 인해 새롭게 생겨난 인생의 길 중 하나이다.

새로운 시대를 살아가야 할 새로운 인류에게는 이전의 인류가 살아 온 방법이 아닌 새로운 방법과 전략이 필요하며, 그러한 새로운 방법과 전략은 바로 새로운 인생의 길을 가기 위한 지도와 같은 것이라고 볼 수 있다. 그리고 그러한 새로운 전략과 방법이 바로, 이 책이 새롭게 주장하는 '행복학' 이라는 전략과 방법이다.

시대가 바뀌었고 그로 인해 그 시대를 지배하는 패러다임도 역시 바뀌었다. 이것을 부정할 수 있는 사람은 아무도 없을 것이다. 그리고 무엇보다 행복의 패러다임이 과거 수십 년 전에는 도저히 상상도 할 수 없을 만큼 크게 근본적으로 바뀌었다.

이러한 이유 때문에, 새로운 시대를 살아가는 신세대들에게는 과거의 성공 전략과 법칙들이 모두 무용지물이 되었거나, 아니면 별로 효과가 없는 있으나마나 한 것들이 되었다. 새로운 시대에는 행복하고 성공하기 위해서는 그 시대가 요구하는 새로운 전략이 필요하다.

이 책은 신세대라고 해서 젊은 청년, 청소년들로만 국한시키지 않는다. 신세대라고 함은 거대한 변화의 물결 속에 살아가야 할 새로운 인류를 말한다. 그렇기 때문에 나이가 많든 적든 이 시대를 살아가야 할 사람은 모두 신세대인 셈이다.

그래서 이 책을 읽어야 할 독자들은 나이에 불문하고 유연한 사고방식과 열린 마음을 가지고 있는 사람들, 나이가 아무리 많아도 꿈을 포기하지 않고 간직하고 있는 사람들, 꿈을 잊은 지 오래되었다 해도 다시 새로운 꿈을 기꺼이 꾸고자 하는 용기 있는 사람들이다.

왜 이 책은 특별한 책일까?

이미 성공의 비결과 방법을 제시해 주는 성공도서는 서점에 가면 차고 넘치고 있다. 그런데도 또 성공 도서를 쓴 이유는 무엇인가? 그리고 왜 이 책이어야 하는가? 다른 책들도 많을 뿐만 아니라, 이미 베스트셀러가 되어 수많은 이들이 읽고 용기와 힘을 얻은 그런 책들이 많은데 말이다.

그 이유는 앞에서 잠깐 언급했듯이, 이 책은 기존의 다른 자기 계발 도서와 약간 다른 패러다임의 책이기 때문이다.

자꾸 다르다고 말만 하고, 구체적으로 무엇이 다른지 왜 설명하지 않는가? 하고 궁금해하는 독자가 있을지 몰라, 서문에서 약간 밝히자면, 기존의 수많은 성공 도서가 성공의 비결로 '열정' 과 '꿈' 과 '유머' 와 '노력' 과 '목표 설정' 과 '긍정적인 생각' 과 '좋은 습관' , 그리고 심지어 '바보 같은 우직함' 등과 같은 다양한 것들을 꼽고 있다. 하지만 이 책은 이러한 시각에서 조금 벗어나 성공의 비결로 성공의 결과로 얻게 될 수 있다고 생각하고 있는 바로 그것 즉 '행복' 을 들고 있기 때문이다.

약간 다른 시각이 전혀 다른 패러다임으로 발전되었다고 볼 수 있다. 성공해야 행복할 수 있는 것이 아니라, 행복해야 성공할 수 있다는 것이 이 책의 요체인 셈이다.

" 최고의 성공법칙은 꿈과 열정이 아니라, 행복이다.즉 행복은 하나의 기술이며, 가장 탁월한 전략이며, 탁월한 실력이다."

이 책은 새로운 시대에 가장 강력한 경쟁력은 바로 '행복' 이라는 사실과 그 사실이 왜 진짜 사실인지, 여러 가지 다양한 사례들을 통해 조목조목 따져 보며 풀어나가는 책이다. 조목조목 따져 보며, 풀어나가기 위해서는 책은 전반부는 불가피하게 재미가 덜 할 수 있다. 하지만 맛있는 요리를 먹기 위해서는, 많은 재료를 구입하여, 준비하는 시간이 그만큼 많이 걸리는 법이다. 그 지루한 준비 시간은 맛있는 요리를 먹을 때, 한순간에 다 보상이 되듯, 이 책은 핵심인 후반부를 통해, 우리는 충분히 원하는 것을 얻을 수 있을 것이다.

새로운 시대가 요구하는 새로운 행복 패러다임은 이것이다.

"행복은 성공의 목적, 삶의 목적이 아니라, 성공적인 삶을 살아가기 위해 가장 필요한 수단이며, 도구이면서, 동시에 하나의 기술이며, 놀라운 전략이며, 압도적인 실력이다."

성공하고 싶다면, 어떻게 열심히 일하며 살까를 고민하지 말고, 어떻게 지금, 이 순간 행복하게 살까를 고민하라는 것이다. 왜냐하면 과거에는 열심히 노력하고 남들보다 더 많이 인내하며 일을 하는 사람이 성공했지만 이제는 열심히 일하는 사람보다 행복한 사람이 더 성공하는 시대로 접어들었기 때문이다 그렇다면 왜 이렇게 급격한 변화가 발생했다고 말하는 것일까? 그것은 우리가 사는 이 시대의 인간은 단순한 제품의 소비자들이 아니라, 이성과 감성과 영혼을 지닌 전인적(全人的)존재로 거듭났기 때문이다. 그 결과 이제는 감성과 영성과 관계된 가치 주도의 시대이기 때문인 것이다.

잘 알다시피, 스타벅스가 단기간에 성공한 것은 맛있는 커피를 팔았기 때문이 아니라, 커피를 마시며, 감성과 영혼을 쉬게 할 수 있는 제3의 장소를 팔았기 때문이다. 하지만 좀 더 파고 들어가 보면, 그것은 바로 행복을 팔았다고 할 수 있다. 고객을 행복하게 해 주면, 고객은 반드시 보상하게 되는 것이다. 이처럼 우리가 행복하게 되면, 우리의 몸과 마음도 주인인 우리의 삶에 보답해 준다. 잠자던 재능과 상상력과 창의성을 깨워서 우리에게 보답해 주는 것이다.

'오늘 행복하라. 그러면, 내일 성공할 것이다. 성공은 오늘 행복할 수 있는 자의 것이다.'

“ 행복은 최고의 성공 도구이며, 수단이면서 동시에 성공 그 자체다.”

“ 행복도 기술이며, 성공이며, 실력이다. 그러므로 아낌없이 행복하라 ”

목차

제6장, 행복은 마음에서 온다

행복은 타인으로부터 온다.

행복은 너무나 물을 닮아 있다

행복은 물질이 아니라 마음에서 나온다.

행복은 과학이다

진정한 인생의 성공이란?

Epilogue / 행복으로 성공을 꿈꾸는 이들에게

'우리가 행복해지려고 마음먹은 만큼 우리는 행복해질 수 있다. 우리를 행복하게 만드는 것은 우리를 둘러싼 환경이나 조건이 아니라 늘 긍정적으로 세상을 바라보며 아주 작은 것에서부터 행복을 찾아내는 우리 자신의 생각이다.' <에이브러햄 링컨>

제4장, 이것이 진짜 행복이다.

'연습할수록 느는 것, 행복은 삶의 습관이다.' <리즈 호가드, 영국 BBC 다큐멘터리 ' 행복 '의 저자>

평범한 사람들이 모른 척했던 행복

'내일 당신이 누릴 행복의 상당 부분은 오늘 얼마나 행복한가에 달려 있다. 중요한 것은 하루해가 질 무렵 어떤 행복의 씨앗을 심을 것인가 하는 것이다. <어니 J. 젤린스키>'

평범한 사람들이 모른 척했고 실제로 몰랐던 행복의 비밀 중의 하나는 바로 '내일의 행복이 내일 우리가 획득하게 되는 성공 여부에 달린 것이 아니라 오늘의 행복, 즉 오늘 얼마나 행복한가에 달려 있다.' 라는 사실이다. 그래서 많은 사람들은 오늘의 행복이 바로 내일의 행복을 위한 행복의 씨앗이 된다는 사실을 모른 채 씨앗도 심지 않고 그저 내일의 행복이라는 열매만을 얻기 위해 바쁘게 살아가고 있다. 바쁘게 살고 열심히 사는 것은 행복의 씨앗이 아니다. 그런데도 많은 사람이 열심히 살면 그것이 행복의 씨앗이 될 것이라고 철석같이 믿고 있다.

하지만 명심해야 하는 한 가지 사실은 '지금, 이 순간 행복하지 않다면, 내일도 절대 행복할 수 없을 것' 이라는 사실이다. 왜냐하면, 행복은 자전거 타기나 스키 타기와 같이, 연습을 통해 행복하게 사는 방법을 익히는 것과 같기 때문에, 오늘 행복하지 못하다는 것은 연습을 하지 않았다는 것이며, 그러한 사실은 내일이 되어도 별반 다를 것이 없기 때문이다. 다시 말해 오늘 자전거 타기를 못하는 사람은, 그리고 자전거 타기 연습을 하지 않는 사람은 절대로 내일 아침 눈을 뜨자마자, 새로운 하루가 시작되었다고 해서, 저절로 자전거나 스키를 탈 수 있게 되는 것은 아니기 때문이다.

요행이나 행운을 통해 일시적으로 기분이 좋아져서 행복한 것처럼 느끼게 되는 경우는 자신의 힘으로 자전거를 탈 수 있게 되어, 기쁨을 느끼는 것과 다른 것이다. 즉, 일시적인 행운은 마치 누가 자전거를 탈 때 뒤에 앉아서 그 기분을 잠시 느끼는 것과 같다. 누군가가 타는 자전거 뒤에 무임승차 했다고 해서 자기 자신의 힘으로 자전거를 타는 것은 아니다. 행운이나 요행으로 기분이 일시적으로 좋아지는 것을 행복이라 말할 수 없는 이유가 이것이다. 참된 행복은 자기 생각과 활동을 통해 그것을 느끼고 누려야 가능한 것이다. 누군가가 자전거를 태워 주는 것은 참된 행복이 될 수 없는 까닭이다.
이러한 이유로 지금, 이 순간, 오늘의 행복을 누리지 못하는 사람은 연습이 안 되어 있는 사람이기 때문에 내일의 행복도 장담할 수 없다. 그래서 내일 행복하기 위해서는 오늘 행복을 느껴야 한다. 그것이 바로 행복 연습이다. 이러한 행복 연습이 바로 내일의 행복을 위한 씨앗인 셈이다.

평범한 사람들이 그토록 모른 척하면서도 알고자 했던 행복은 바로 '지금 이렇게 우리가 살아 있고 존재함으로 인해 누리는 행복' 이다. 우리에게 주어진 오늘은 어제 죽은 이들이 그토록 살고 싶어 했던 내일이며, 우리에게 주어진 눈앞의 멋진 하늘은 헬렌 켈러가 그토록 보고 싶어 했던 세상이다. 우리에게 주어진 자유는 유태인 수용소에 갇혀 자유와 생명을 빼앗겼던, 유태인들이 그토록 갈망했던 자유인 것이다.

우리는 너무 쉽게 우리에게 주어진 은총과 행복을 간과해 버리고 있다. 이 놀라운 은총과 축복을 우리는 감사하지도 않고 기뻐하지도 않는다. 마치 어떠한 은총과 행복도 자신에게는 없다는 듯, 모른 척할 뿐이다. 하지만 헬렌 켈러는 평생 세상을 보지 못했음에도 불구하고 '참으로 행복합니다.' 라고 말했다.

빅터 프랭클 박사도 이와 마찬가지였다. 자기 부모와 형제, 사랑하는 아내가 모두 수용소에서 죽었고 자신마저 그 수용소에서 생사를 장담할 수 없는 상황에 부닥쳤음에도 생명의 경이를 발견하고 감사할 줄 알았다. 그는 평범한 사람들이 모른 척했던 그 행복을 평범하지 않은 상황에 부닥쳐서야 비로소 발견했다.

‘대한민국에서 태어난 것만으로도 이미 우리는 행복한 사람이다.’

평범한 사람들이 모른 척했던 행복 중의 하나는 ‘살아 있는 한 행복할 수 있을 뿐만 아니라 살아 있다는 것 자체가 행복이라는 사실’이다. 이해하기 힘들겠지만 살아 있는 한, 그것은 행복이지 결코 불행이나 절망이 아니라는 것이다. 하지만 평범한 사람들은 모른 척하는 동시에 실제로도 몰랐던 것 같다. 실제로 살아 있다는 것이 얼마나 큰 행복인지 깨닫고 감사하는 사람은 많지 않지만, 그것은 사실이다.

엄청난 불행 앞에서도 살아남았다면, 비록 가족을 잃었다 해도, 그리고 큰 재산을 잃어버렸다 해도, 그리고 또 신체 중에 일부를 잃어버렸다 해도, 그뿐만 아니라, 외모가 망가졌다 해도, 큰 아픔이 있다 해도 살아있다는 것 자체가 큰 행복이라는 사실을 모르고, 깨닫지 못하는 경우가 많다. 그런 탓에 그것이 불행이라고 잘못 생각하기 때문에, 실제로 불행하게 살고 있는 사람들이 많다.

'삶의 환경과 형편과 처지가 어떻든 살아 있음이 또 하나의 크나큰 행복이다.'

수많은 사람은 마치 삶이라는 것을 어둡고 긴 터널이라고 생각한다. 그래서 힘들고 어려운 상황에 부닥치면 이것을 인내하고 이겨내면, 찬란한 행복의 태양을 보게 될 것으로 생각한다. 그리고 그 시기를 하루하루 인내하며 버티면서 산다. 그 탓에 평범한 사람들은 그 시절 또한 참된 행복을 누리며 즐겁게 살아갈 수 있다는 사실을 모른 채 살아가고 있다.

사람 대부분은 힘들고 어려운 상황과 시기에도 태양은 여전히 터널 밖 하늘 위에서 찬란하게 빛나고 있다는 사실을 모른다. 그래서 참된 행복을 누리며 즐겁게 사는 사람들이 그토록 적은 것이다.

인생은 힘겹고, 어둡고, 빡빡한 긴 터널이 아니라 온갖 아름다운 수중생물들을 감상하며 즐겁게 지날 수 있는 수중 관광 터널이다. 그래서 인생은 터널의 끝을 고대하며 인내하고 극복해야 하는 고통의 바다가 아니라 한 걸음, 한 걸음 수중 생물들을 감상하며 즐겨야 하는 기쁨의 장소이다.

행복한 삶은 고난이 없는 삶이 아니라 고난을 이겨내는 삶이다.

“ 인생은 즐거운 일이 잠깐씩 있는 긴 슬픔과 고통의 바다가 아니라 슬픈 일이 잠깐씩 있는 긴 기쁨과 행복의 바다”

라는 사실을 알아야 한다. 왜냐하면, 살아 있음이 행복 그 자체이기 때문이다. 살아 있는 그 자체가 행복일 수 있는 이유는 어떤 존재라도 자신의 존재 이유를 발견하여 보다 나은 존재로 향상할 수 있기 때문이다.

듣지 못하고 보지 못했던 헬렌 켈러는 평범한 사람들이 그토록 모른 척했던 행복을 알았던 사람이다. 그 결과 그녀는 누구보다 더 행복한 삶을 살았다.

‘나의 삶은 행복하다. 훌륭한 친구들이 있고 하고 싶은 재미있는 일도 무궁무진하기 때문이다. 나는 내 한계에 대해 생각하지 않는다. 또 한계 때문에 슬퍼하지도 않는

다.'

그녀가 수많은 장애와 고난 가운데에서도 행복한 삶을 살았고 훌륭한 삶을 살아 나갈 수 있었던 단 한 가지 이유는 평범한 사람들이 모른 척했고 실제로 몰랐던 행복을 누구보다 잘 알고 있었기 때문이다.

'살아 있는 한 행복할 수 있을 뿐만 아니라 살아 있다는 것 자체가 행복이라는 사실'과 '내일의 행복이 내일 우리가 획득하게 되는 성공 여부에 달린 것이 아니라 오늘의 행복, 즉 오늘 얼마나 행복한가에 달려 있다'라는 사실을 깨달았다. 아울러 그녀는 '행복한 삶은 고난이 없는 삶이 아니라 고난을 이겨내는 삶'이라는 사실과 '고난이 있는 삶도 자신이 오늘 행복함으로 살 수 있다면 행복한 삶이 될 수 있다'라는 것을 알고 있었다.

'하나가 되어라, 이것이 가장 큰 행복이며 행복의 비결이다. 행복한 자는 스스로 주변 사람과 하나가 되는 자이다.'　　<오스카 와일드>

인간은 사회적 동물이다. 그래서 우리는 주변의 사람들이나 사회와 하나가 될 때 가장 안정감을 느끼게 되고 행복해질 수 있다. 주변의 사람들과 하나가 되는 방법은 그들을 도와주고 자신의 것을 나누어 주고, 베푸는 것이다. 그러한 행위를 통해 주위 사람과의 감정적, 물질적 격차가 조금이라도 줄어들게 되면 하나가 될 수 있게 된다. 무엇보다 주는 자와 받는 자는 정서적으로 하나가 되므로 더욱더 쉽게 일치감을 느끼게 되고 행복해질 수 있는 것이다. 이것이 지복(至福)의 원리이며 토대이다.

이 원리는 몰입을 통해 자신을 잃어버리고 자신이 집중하고 있는 사물과 자신이 하나가 되는 것이며 이 경지에 이르면 지극한 행복을 느끼고 체험하게 된다. 또한 이 원리는 자신보다 타인을 먼저 생각하고 오직 타인을 위해 자신을 버리는 것이므로 그것을 실천하는 이타주의자들은 지극한 행복을 누리게 된다. 자신의 욕심과 집착, 편견을 버리고 다 내어놓을 줄 아는 부자들은 바로 이 원리 덕분에 지극한 행복을 맛보았다.

.

'삶에서 가장 중요한 것은 인간관계이며 행복은 결국 그들과 서로 주고받으며 나누는 사랑이며, 신뢰이다.'

이것은 행복에 관한 수많은 연구와 보고 중에 가장 신뢰성이 높은 것으로 평가받는 결과이다. 이 결과는 72년 동안의 졸업생 268명의 일생을 추적, 조사해 하버드대학교가 내린 행복의 공식이다.

1937년, 알리 복 교수는 행복한 삶의 공식, 즉 행복의 공식을 밝혀내기 위해 한 기업의 지원을 받아 연구를 시작했다. 그는 하버드대학교의 2학년 학생 중 가장 성공할 것 같은 야심 차고 똑똑한 학생을 선발, 이들의 일생을 조사하는 일명 '그랜트 연구'를 시작했다. 이 연구는 72년에 걸쳐 이루어졌는데 후반부 42년은 조지 베일런트 교수에 의해 이어졌다.

72년 동안 두 교수의 끈질긴 연구와 추적을 통해 얻은 연구 결과는 매우 충격적이었다. 왜냐하면, 행복의 공식은 돈이나 지위, 성공의 여부와 크게 연관이 없다는 결론이 났기 때문이다. 연구 결과에 따르면, 사람이 행복하게 살기 위해 필요한 것은 물질적인 것들, 외형적인 것들이 아니라 오히려 좋은 인간관계와 삶에 대처하는 성숙한 마음 자세, 건강하고 평온한 마음과 생활 습관 등이었다. 일명 '그랜트 연구'라고 불리는 이 연구 결과가 우리에게 제시하는 행복에 대한 단서는 인위적인 것이나 물질적인 것이 아니었다. 즉, 자연스러운 것과 정신적인 것이 행복의 요소였다.

앞에서도 언급했듯, 세상에서 가장 행복한 사람들로 인정받고 있는 사모아 사람들을 볼 때 이러한 사실은 더욱 더 신뢰가 높아진다. 우리나라가 다른 나라들이 부러워하는 경제성장을 이룩했음에도 불구하고 청소년 자살률과 이혼율이 OECD 국가 중 1위라는 엄연한 사회적 사실을 봐도 그렇다. 미국에서 실시된 행복지수에 대한 조사도 마찬가지다. 70년대 미국 국민보다 훨씬 더 경제적으로 안정되었고 많은 부를 획득한 90년대 이후의 미국 국민이 결코 더 행복해졌다는 근거가 없다는 것이다. 실제로도 경제성장이 결코 미국 국민을 더 행복하게 살 수 있도록 해주지 못하고 있다. 이 사실을 통해 행복은 주변 사람들과 잘 어울리며 사랑을 주고받을 수 있을 정도의 최소한의 조건만 있으면, 누구나 행복할 수 있다는 사실을 알아야 한다.

'행복하게 산다는 것은 마음의 평온함을 뜻한다.'

시세로(Cicero) 가 한 말이다. 마음의 평온함이 행복하게 사는 것이라고 말할 수 있는 이유는 아무리 많은 재산과 명예, 권력을 가졌다고 해도 마음의 평안 없이 늘 쫓기며, 불안하며, 분노로 가득 차 있는 사람이라면 행복하다고 말할 수 없기 때문이다.

그렇다면 마음의 평온함은 과연 무엇일까? 정확하게 알

수는 없지만 분명한 사실은 물질적인 것과 연관이 없다는 것이다. 마음의 평온함을 위해 필요한 것을 손꼽는다면 반드시 포함되어야 할 것 중의 하나는 바로 건강하고 평온한 생활 습관과 주위 사람들과 좋은 관계 형성일 것이다. 이웃과 싸우고 불화한다면 결코 마음의 평온함을 누릴 수 없기 때문이다. 따라서 행복하기 위해서는 주위 사람들과 조화를 이루고 좋은 인간관계를 맺고 유지해야 하는 것이다. 그것이 행복의 가장 기본적인 조건인 셈이다. 그것이 바로 행복함으로 살아가는 것이다. 특히, 가족들과 하나가 되어서 한마음으로 일치단결하여 살아간다면 그 사람의 마음은 평온함 그 자체일 것이다. 이것이 바로 행복이다.

이것이 바로 참된 행복이다!

'당신이 살아 있음으로 인해 조금 더 행복해지는 누군가가 있다는 것! 이것이 성공의 의미입니다.' <랠프 월도 에머슨>

타인을 행복하게 해주는 것이 참된 행복의 길이다. 진정한 행복, 참된 행복이란 랠프 월도 에머슨의 말처럼 자신이 아닌 타인에게서 찾아야 한다. 우리가 살아 있음으로 인해 이 세상에 살고 있는 누군가가 조금 더 행복해질 수 있다면, 그것이 최고의 인생이며 행복한 인생이라는 것이다. 즉, 타인을 행복하고 윤택하게 하고 사랑을 베풀어 주고, 그들을 보살펴 줄 때, 우리는 참된 행복을 느낀다. 왜냐하면, 우리 인간의 존재 목적은 동물들처럼 단순한 생존이 아니기 때문이다.

우리 인간의 존재 목적은 더 나은 삶을 살아가는 데 있고 그것은 바로 의미와 가치 있는 삶이기 때문이다. 그러한 의미와 가치 있는 삶은 타인을 행복하게 하고, 윤택하게 하고, 보살펴주고, 베푸는 삶이기 때문에 우리는 타인에게 친절과 사랑을 베풀 때 가장 행복해지는 것이다.

이러한 사실을 잘 뒷받침해 주는 조사 결과가 있다. 하버드 의대 조지 베일런트 교수는 자신의 저서인 '잘 늙기(Aging Well)' 란 책에서 다음과 같은 조사 결과를 밝혔다.

268명의 미국 하버드 대학교 졸업생들, 456명의 보스턴 도심의 빈민들과 청소년들, IQ 135 이상인 682명의 캘리포니아 여성을 대상으로 수십 년간 추적, 조사한 결과 일에서 성공을 이룬 사람들은 모두 다음과 같은 결과를 나타냈다.

'자기가 가진 것을 남에게 나눠주고 타인을 보살펴주는

삶이 진정 행복한 삶의 실체다.’

‘너무 착하면 살기 힘들다’ 라는 말을 들어본 적이 있을 것이다. 너무 착하면 사는 것이 피곤하게 되고, 힘들게 되고, 자신의 것을 손해 보게 된다는 것이다. 하지만 실리 추구에 누구보다 밝은 서양인들조차 그렇게 생각하지 않고 있다. 똑똑하기로 소문난 하버드생들과 IQ가 135 이상이나 되는 여성들, 그리고 살기 좋은 보스턴 도심의 부유한 청소년들, 그것도 일에서 성공을 거두게 된 사람들이 모두 공통으로 타인에게 자신의 것을 나눠주고 그들을 보살펴주는 불편을 마다하지 않을 때, 진짜 행복을 느낀다는 것이다. 이를 통해 참된 행복은 소유나 조건이 아니라 타인에 대한 우리의 행동과 마음가짐에 연관이 되어 있다는 사실을 발견하게 된다.

자신을 위해, 자신의 성공을 위해, 자기 행복을 위해 뭔가를 하는 사람은 행복이 따라오지 않지만, 이웃을 위해, 타인을 위해, 세상을 위해 뭔가를 하는 사람은 진짜 행복을 맛볼 수 있다. 따라서 그들은 행복한 사람임이 틀림없다.

우리가 살아가는 인간사회의 법칙은 동물의 세계와 다르다. 동물들은 배려가 없고 양보가 없다. 약육강식의 법칙만 있다. 하지만 인간사회의 법칙은 본능에 이끌려 오직 생존만이 최대의 목적인 동물들과 차원이 다르다. 바로 인간사회의 법칙은 '자신보다 먼저 타인을 위해 베풀고, 나누고, 양보하고, 보살펴주는 것이다.' 그렇게 하면 비슷한 종류의 것으로 반드시 되돌려 받는다.

인생은 언제나 타인에게 베푼 만큼 그대로 돌려받게 되어 있다. 우리가 무엇을 주건 반드시 그것과 비슷한 것으로 되돌려 받게 되어 있다. 이것이 인간사회와 동물의 세계를 모두 아우르는 자연의 법칙이다. 타인에게 행복을 주면 우리가 더 행복하게 되는 것은 이 우주가 우리가 준 것을 그대로 되돌려 주는 역할을 하기 때문이다.

우리가 이 세상과 타인을 향해 무엇을 주든, 반드시 그와 비슷한 성질의 것을 똑같이 되돌려 받게 되어있다. 이것이 우주의 법칙이다.

우리가 칭찬을 주면 우리는 칭찬받게 된다. 우리가 예의 바르게 인사를 하면 인사를 받게 된다. 우리가 비난하고 불평을 하면 동일한 비난과 불평을 받게 된다. 우리가 물질을 나누어 주면 이 우주는 우리에게 어떻게 해서든 그 물질에 상응하는 것으로 다시 우리에게 되돌려 준다. 이것이 자연의 법칙이다. 그래서 인생은 늘 베푼 만큼 정확히 그대로 받게 되는 것이고 심은 만큼 거두게 되는 것이다. 좋은 것을 심는 사람은 좋은 것을, 나쁜 것을 심는 사람은 나쁜 것을 받게 되어 있다. 이것이 인생의 법칙이다.

이러한 자연의 법칙 덕분에 남에게 많이 베푸는 사람은 자기 내면에서, 그리고 외면에서 말할 수 없는 좋은 것들로 보답을 받고 되돌려 받기 때문에 행복해지는 것이다. 자신이 직접 자신을 위해 제공하는 것은 그것 자체의 기쁨뿐이지만 자신이 희생하고, 남에게 먼저 양보하고 베풀 때 그것은 두 배, 세 배로 불어나서 다시 돌아오게 된다. 그때의 기쁨은 그 자체의 기쁨의 두 배, 세 배로 늘어나게 되고 타인의 따뜻한 관심과 사랑까지 받게 되므로 자기 자신만을 위해 살아가는 사람에 비해 큰 기쁨을 누리며 살 수 있게 된다. 그러므로 타인과 좋은 관계를 형성하고 유지하며 살아가는 것이 참된 행복이다.

고사성어 중에서도 이러한 이치를 잘 말해 주고 있는 말이 있다. 바로 '출이반이(出爾反爾) '라는 말이다. 이 말의 유래는 전국 시대 추나라의 왕인 목공이 맹자를 만나서, 이웃 나라와의 전쟁에서 패하게 된 이야기를 늘어놓으며, 백성들을 원망했다. 그 이유는 이웃 나라 적군에게 자기 나라의 장군과 관원들이 죽는데도 백성들은 손하나 까딱하지 않고 지켜만 봤기 때문이라고 한다. 왕의 눈에는 이러한 백성들의 태도가 너무나 원망스럽고 괘씸하다는 것이다. 그래서 벌을 내리자니, 숫자가 너무 많고, 그냥 두자니 다음에도 또 그럴 것 같아. 어떻게 해야 할 지 모르겠다는 것이다. 이 말을 듣고 맹자는 증자의 말이기도 한 ' 출이반이(出爾反爾) '라는 말을 빌려, 왕에게 충고했다.

" 예전에 흉년과 재난이 들어 백성들이 굶어 죽고 가족들이 뿔뿔이 흩어질 때 왕의 창고에는 곡식과 재물이 가득했습니다. 그렇지만 어떤 관리도 백성들의 어려움을 왕에게 전하지 않았고, 그래서 굶어 죽는 백성들이 그냥 방치되게 되었습니다. 그때 백성들은 관리들의 무심함 때문에 굶어 죽었습니다. 이처럼 옛 성인이 말했듯이 자신에게서 나간 것은 자신에게 돌아오는 법입니다. 백성들은 단지 관리들에게 받았던 것을 다시 되돌려 준 것에 불과합니다. 그러므로 왕께서 백성들에게 관심을 가지고, 백성들을 진정 위하는 마음을 그들에게 보여준다면, 백성들도 자연히 왕에게 진심 어린 충성으로 되돌려 줄 것입니다."

바로 이것이 '출이반이 '즉' 자신에게서 나간 것은 반드시 자신에게 되돌아온다. '라는 뜻의 고사성어의 유래라고 할 수 있다.

행복은 얼마만큼 많은 것을 소유했고 달성했느냐에 따르는 것이 아니라 얼마나 가치 있는 삶으로 존재했느냐에 따른다. 그래서 행복은 나눔이다. 얼마만큼 나누고 타인을 도와주는 존재로 살았느냐가 그 사람의 행복을 결정짓는 것이다. 즉, 참된 행복은 자기만 잘 먹고 잘사는 행복이 아니라 타인을 도와주고, 나누고, 베푸는 나눔을 통한 행복이다. 다시 말해, 얼마만큼 가치 있고 보람 있는 존재로 살았느냐에 따라 행복이 결정되는 것이다.

아울러 존재의 가치를 평가할 때 결코 객관적인 기준으로 평가해서는 안 된다. 그것은 매우 어리석은 짓이다.

결코 우리의 외모나 신체적인 조건에 의해 그 존재가치가 결정되는 것이 아니라는 것을 알아야 한다.

'오체불만족' 의 저자인 오토다케 히로타다는 바로 이런 사실을 입증해 주는 인물이다. 그는 태어날 때부터 팔다리가 없었다. 하지만 그것이 그의 존재가치를 평가 절하시키거나 그가 행복한 삶을 살아가지 못하게 하지는 않았다. 그는 자신의 존재를 통해 수많은 소외된 이들에게 감동과 용기, 희망을 나누어주었다. 돈으로 환산할 수 없을 만큼 큰 가치를 나누어준 것이다. 그는 일본의 명문대학 와세다대학교 정치학과를 졸업했다. 그는 비록 팔다리가 없이 태어났지만, 그 어떤 사람보다 더 가치 있고 보람 있는 삶을 살아가고 있다.

존재를 결정짓는 것은 어떻게 살아가느냐에 따라 달라진다. 어떤 모습으로, 어떤 기능으로 존재하느냐는 상관이 없는 것이다. 이런 사실을 보여주는 사례는 너무나 많다. 앞서 보았던 헬렌 켈러가 대표적이다. 평생 칠흑 같은 어둠 속에서 지내야 했던 그녀는 '내 생애에 행복하지 않은 날은 단 하루도 없었다.' 라고 말했다.

과연 무엇이 이러한 말을 할 수 있도록 했을까? 그것은 상태가 아닌 존재로서의 가치와 보람을 갖고 있었기 때문이다. 그녀는 누구보다 가치 있고 보람 있는 삶을 살았다. 장애가 없는 사람도 자신의 존재를 망가뜨리며 별 볼 일 없이 살다가 인생을 마감하곤 하지만 그녀는 5개 언어를 구사하고 시청각 장애인으로서는 미국 역사상 최초로 학사학위를 취득했다. 게다가 평생 자신보다 못한 사람들과 더 나은 사회를 위해 봉사하는데, 일생을 바쳤다. 그 결과 그녀의 존재는 가치 있고 보람 있는 삶이 되었고 누구보다 행복하게 살 수 있었다.

행복을 결정짓는 것은 어떤 상태로 태어났고 어떤 환경에 있느냐가 아니라 어떤 존재로 살아가느냐에 달려 있다. 비록 팔다리가 없는 상태로 태어났고 시력과 청력을 모두 잃는 상태가 되었다 해도 어떤 존재로 살아갈지는 오로지 선택의 몫이다. 그 선택에 따라 존재의 가치를 높이고 보람을 만들 수 있는 것이다.

여기서 명심해야 할 것은 헬렌 켈러와 오토다케 히로타다를 행복하게 해준 원동력에 관한 것이다. 즉, 자신의 삶을 위해 고군분투한 것이 아니라 자신보다 못한 이들과 사회를 위해 봉사하고 헌신하며, 자신이 가진 것을 나누어 주고자 했다는 점이다.

오토다케 히로타다는 자신의 삶을, 책을 통해 나누어 이 사회에 감동과 희망이라는 가치를 생성해 나누어 주었다. 그것은 돈으로 환산할 수 없는 귀중한 것이 아닐 수 없다. 감동과 희망은 돈을 주고 살 수 없는 것이기 때문이다. 헬렌 켈러 역시 자신의 장애를 극복하고 학사학위를 취득하고 평생 사회를 위해 봉사하였기에 더욱더 행복해질 수 있었다.

'긍정 심리학' 이란 용어를 가장 먼저 사용했던 마틴 셀리그먼은 행복한 삶을 구성하는 세 가지 요소로 다음과 같은 요소를 꼽았다.

1. 즐거운 삶(맛있는 음식, 즐거운 놀이)
2. 만족스러운 삶(좋아하는 일, 사랑하는 사람, 보람)
3. 의미 있는 삶(타인을 도와주는 일)

그리고 그는 가장 행복한 삶이란 자신의 만족과 즐거움이 아니라 타인을 도와주고 가치 있는 일을 할 때 더욱더 지속적인 만족감을 느낀다고 강조한다.

불행한 성공을 위해 너무 많은 것을 희생하고 있다.

행복에 이르는 조건으로 심리학의 거장이며 정신분석의 창시자인 지그문트 프로이트는 '일과 사랑'이라고 말했다. 그의 주장대로 자기 일을 좋아하고, 즐길 수 있고, 주위 사람들을 온전히 사랑하는 사람이라면 틀림없이 행복에 이를 수 있다. 이러한 사람이 바로 행복한 사람이고 이러한 사람에게 성공이 연이어 오는 것이다.

하지만 일을 하고 싶어도 취직이 안 되어 일을 할 수 없는 상황에 놓여 있는 사람들이 있다. 이런 사람 중 로또와 같은 행운을 통해 부자가 되는 경우도 있지만 결코 행복해질 수는 없다. 순서가 바뀌었기 때문이다. 그래서 로

또와 같은 것으로 큰 부를 얻게 된 사람은 대부분은 1년 이내에 이전보다 훨씬 더 불행하고 비참한 삶을 살아가게 되는 것이다.

이러한 사실을 통해 불행의 해결책은 돈이나 성공이 아니라는 점과 불행의 해결책은 오직 행복뿐이라는 사실을 알아야 한다.

'행복은 우리의 일상에 숨어 있다. 행복은 사소한 것에 있다.' <존 러스킨>

'행복이란 부도 화려함도 아닌 평온과 일이다.'
<토머스 제퍼슨>

'행복이란 명징(明澄)한 양심이다.'
<에드워드 기번>

이러한 행복을 누릴 수 있는 사람에게 큰돈이 생기고 크게 성공을 해도 그 돈과 성공이 이 사람의 영혼을 황폐하게 만들지 않는다. 행복한 사람은 이미 마음에 평온이 있고 일을 즐길 줄 아는 사람이고 사소함을 통해 행복을 누

릴 수 있는 '된 사람'이기 때문이다. 하지만 이러한 경지에 오르지 못한 사람들은 갑자기 큰 성공이 오면 우왕좌왕하게 되고 결국 조금이나마 있던 마음의 평온까지도 뺏기게 되어 더 불행해지기 십상이다. 마음에 평온과 소소한 일상을 즐길 줄 모르는 사람이 큰 명예를 얻었다가 그것이 없어질 때 너무나 큰 좌절과 시련으로 매우 극단적인 선택을 하게 된다.

그러므로 성공을 위해 현재의 기쁨과 행복을 포기하지 말라. 성공을 위해 현재의 행복을 포기하고 집착하는 사람에게는 성공이 다가가지 않는다. 오히려 현재의 행복을 즐기며 일과 소소한 기쁨을 누릴 줄 아는 사람에게 성공은 서서히 다가온다.

어둠을 몰아내는 가장 좋은 방법은 빛으로 채우는 것이다. 마찬가지로 불행을 몰아내는 가장 좋은 방법은 행복으로 우리의 오늘을 채우는 것이다. 행복으로 우리의 삶을 채우면 그 행복이 곧 성공을 불러들인다는 사실을 믿기 바란다. 하지만 성공으로 우리의 삶을 채운다고 해서 그 성공이 행복까지도 불러들이지는 않는다는 것을 기억하라.

그래서 성공을 위해 헌신하는 사람들은 너무나 위험한 인생을 살고 있는 것이다. 한 평생 성공만을 위해 모든 것을 희생하고 투자한 사람이 인생의 끝자락에서 성공을 한다고 해보자. 그 사람이 인생의 끝자락에서 얻은 그 성공으로 평생의 헌신과 희생을 보상하고도 남을 만큼이 되는 것일까? 평생의 헌신과 희생을 다 보상하고도 남을 만큼의 성공이란 이 세상에 존재 하지 않는 다. 그래서 하루하루를 일을 통해 즐길 줄 알아야 하는 것이 행복학의 요체이다.

영국의 철학자 버트런드 러셀은 '학자들과 얘기할 때는 행복이란 더 이상 가능하지 않다는 느낌을 강하게 받지만 정원사와 얘기할 때는 그 반대의 확신이 든다.' 고 말했다. 이 말이 의미하는 것은 무엇인가를 하는 사람에게 행복이 숨어있다는 사실이다. 즉, 소비가 아니라 무엇인가를 추구하고 생산하는 것을 통해 행복할 수 있다는 사실이다. 뿐만 아니라 성공과 성취, 소유를 통해서 행복이 오는 것이 아니라 정원사가 꽃에 사랑을 주고, 관심을 주고, 정성을 쏟기 때문에 꽃들도 행복해지고 정원사도 역시 활기 넘치는 해복한 삶을 살게 된다는 것이다.

우리가 명심해야 할 것이 또 하나 있다.

'우리는 행복해 지기 위해 불행을 선택한다.' 라는 사실이다. 우리는 아침부터 밤늦게까지 일에 매여 살고 행복하기 위해서 너무나도 바쁘게 살아가고 있다. 우리는 행복하기 위해 너무나도 열심히 살아가고 있다. 하지만 우리의 열심과 바쁨이 우리의 행복을 가로막는 장애가 된다는 사실을 아는가? 우리는 오늘도 행복해지기 위해 바쁘게 산다. 하지만 너무 바빠서 행복할 수 없는 삶을 살고 있다.

'우리는 너무 바빠서 행복할 수 없다. 정작 행복하기 위해 바빠진 것이지만!'

이러한 어리석은 삶을 살게 된 근본 이유가 바로 성공을 하면 행복도 뒤따라오는 것인 줄 착각하기 때문이다. 하지만 성공을 해도 저절로 행복이 뒤따라오지는 않는다. 성공을 통해 순간적인 환희나 기쁨을 얻을 수 있고 성취감을 누릴 수 있지만 그것은 불과 3개월이면 사라진다. 더 큰 성공을 하기 위해 또 숨 가쁜 일상을 보내기 때문이다. 성공을 통해서만 기쁨을 누릴 수 있는 사람은 성공에 대해 마약처럼 중독되어 또 다른 성공을 위해 살아야만 하기 때문이다.

마약이 무서운 이유는 항상 이전보다 더 큰 쾌락을 갈망한다는 점이다. 성공에 대한 욕심과 집착도 마찬가지이다. 우리는 항상 이전보다 더 큰 성공을 갈망하게 되어 있고 더 많은 부를 갈망한다. 그래서 만족함이 없는 힘겨운 삶을 살게 되는 것이다.

'타인에게 행복하게 비춰지는 것이 아닌 자신이 그렇게 여기는 것, 그것이 진정한 행복이다.' < 세네카>

'행복은 스스로 만족하는 자의 것이다.' <아리스토텔레스>

행복은 쾌락과 다르며 만족함과도 다르다. 기쁨과도 다르며 즐거움과도 다르다. 더군다나 행복은 돈이나 출세, 성공하고도 다르며 그것들로부터 얻을 수 있는 것도 아니다. 그렇다면 행복이란 과연 어떤 것일까?

첫째, 행복은 돈이나 성공과는 무관하다는 사실이다.

둘째, 행복은 쾌락하고도 무관하다는 사실이다. 마약을 하는 사람들은 행복할 수 없다. 다만 쾌락을 느낄 뿐이다.

셋째, 행복은 미래에 존재하지 않고 현재에만 존재한다는 사실이다. 이 땅의 어떠한 것도 미래의 행복을 보장할 수 있는 것은 없다.

넷째. 행복은 소비가 아니라 생산에 있다는 사실이다.

다섯 째. 행복은 소유가 아니라 마음에 있다는 사실이다. 행복한 사람은 부자가 아니라 감사하며 살아가는 사람이다. 그런 사람만이 누릴 수 있기 때문이다.

이런 것들이 참된 행복이라면 아무리 성공을 한다 해도, 그리고 아무리 많은 돈을 벌었다고 해도 그 사람이 행복한 사람이라고 말할 수 없다.

" 불행한 성공을 위해 너무 많은 것을 희생하지 말라."

이러한 이유들 때문에 마지막 여섯 번째 행복학의 가르침은 불행한 성공을 위해 너무 많은 것을 희생하지 말라는 것이다. 오히려 성공보다 먼저 행복한 일을 발견하라는 것이다. 먼저 행복한 자아를 완성하라는 것이다. 먼저 행복함으로 살 수 있는 자신으로 발전시키라는 것이다. 그 후에 성공하고자 노력해도 늦지 않았다는 것이다. 오히려 이것이 더 빨리 성공하는 길인지도 모른다. 그러므로 성공에 너무 집착 하지 말고 오늘을 즐길 수 있는 자가 되어 행복함으로 하루하루 살도록 하라. 그것이 성공의 첫 번째 순서라는 사실을 명심하자.

행복함으로 성공할 것인가? 아니면 성공을 위해 불행할 것인가? 이것은 선택의 몫이다. 성공이 오면, 따라서 행복도 온다는 헛된 망상을 품지 말라. 행복이 와야 성공이 따라서 온다.

행복하기 위해 지금의 불행을 선택할 수 없다. 지금 불행하면 미래가 아무리 행복하더라도 소용없다. 그 미래는 지금 이 세상에 존재하지 않는 망상이기 때문이다. 우리는 엄청난 노력을 하지 않아도, 엄청난 성공을 거두지 않아도, 엄청난 부와 물질을 획득하지 않아도, 지금 우리의 모습 이대로 온전히 기뻐하고 행복할 수 있다. 이것은 우리의 삶이 선물이기 때문이다. 태양을 통해 우리가 공평하게 받을 수 있는 따스한 햇볕, 공기, 물 등이 모두 선물이기 때문이다. 이러한 선물을 우리 인간들은 욕심을 통해 경쟁하게 되었고 그 결과, 물과 공기도 사먹어야만 하는 시대로 접어들고 있다.

이 세상의 가장 큰 기적은 큰 성공이나 권력이 없어도 지금 이 순간을 즐기면서 행복하게 살 수 있다는 점이다. 그러니 절대 행복하기 위해 일하지 말라. 반대로 일을 함으로써 우리는 행복해질 수 있어야 하고 행복해야 한다. 그것이 신이 우리에게 일을 주신 이유이다. 그래서 땀 흘리면서 일을 할 수 있다는 것이 축복이어야 하고 축복인 것이다.

행복은 멀리 있지 않다. 오늘 내가 나를 흥분시킬 만한 일을 하는 것만으로 우리는 족하다. 그것이 가장 큰 행복이다. 남에게 뒤떨어지지 않기 위해 공부하는 사람이 가장 불쌍하다. 그리고 남보다 더 행복하게 살기 위해서 일을 하는 사람도 불쌍하다. 일을 함으로써 행복하도록 하라. 그것이 행복에 이르는 길이다.

오늘 우리가 누군가에게 작은 미소를 줄 수 있다면 그것만으로도 행복한 것이다. 내가 오늘 존재함으로써 누군가가 좋아하고 행복해한다면 그것만으로도 행복이다.

우리는 왜 날마다 얼마나 많은 일을 했는가로 행복할 자격을 평가하는가? 절대 그렇지 않다. 우리는 존재하는 것만으로 이미 행복할 자격이 충분한 것이다.

결과에 따라 행복해져서는 안 된다. 과정을 통해서도 충분히 행복할 권리가 있다. 그러므로 최선을 다 한들, 또는 못한들 그것으로 행복해할 수 있다. 그것은 아무도 빼앗아 갈 수 없는 우리의 권리이다.

우리에게는 웃을 수 있는 권리가 있다. 그것이면 충분히 행복할 수 있다. 우리는 결과보다 과정을 더 중요시해야 한다. 왜냐하면 과정 자체가 바로 인생 그 자체이기 때문이다. 삶의 결과는 죽음일 뿐이다. 하지만 삶의 과정은 생활이다.

우리의 행복은 성공이라는 결과에서 나오는 것이 아니라 더욱 나은 삶을 살아가기 위해 실천하는 삶의 과정에서 나오는 것이다.

성공만을 위해 달려가는 일은 내 인생의 많은 행복들을 매몰 시키는 것과 같다. 날마다 행복함으로 나아 갈 때 그 끝에 성공도 기다리고 있다. 하지만 성공을 위해 달려가는 인생은 그 끝에 행복이라는 것으로 변장한 불행이 기다리고 있다.

우리의 인생은 얼마나 멀리 가야 하는 경주가 아니라 하루하루 주어진 삶을 얼마나 충만하게 살아가느냐 하는 여정이다. 우리의 문제는 삶을 누리며 충실하게 살아가지 않고 비교하고, 분석하고, 경쟁한다는 것이다. 우리의 문제는 그냥 행복하게 살아가지 않고 우리가 얼마나 행복한지 따져 본다는 것이다. 그러니 우리는 그냥 행복하게 살아가면 된다.

‘타인에게 행복하게 비춰지는 것이 아닌 자신이 그렇게 여기는 것, 그것이 진정한 행복이다.’ < 세네카>

제5장, 행복은 조건이 아닌 선택이다.

"모든 사람은 가슴에 행복을 품고 살고 있다. 문제는 그 행복을 어떻게 끌어내는가이다."

조건이 아니라 선택이다.

나의 죽마고우가 어느 날 심각한 목소리로 만나서, 애기를 좀 하자고 전화했다.

나는 만사를 제쳐 놓고, 그를 만났다. 같은 동네에서 태어나, 몇 집 건너면 그 친구 집이었고, 초등학교와 중학교, 고등학교를 함께 나온 친구이며, 심지어 직장도 같았다. 그런 친구의 전화에 만사를 제쳐 놓고 만나지 않는 사람이 또 있을까?
그 친구는 나를 보자마자, 자신의 처지를 놓고, 푸념을 늘어놓았다. 그 친구의 얘기는 이런 것이었다.

그 친구에게 인생에서 중요한 선택의 갈림길에 선 순간이 다가왔다. 바로 이혼하느냐 안 하느냐의 선택의 기로였다.

좀 더 박진감을 위해, 내 이야기를 하는 화법으로 서술해보면 이렇다.

" 이제 결혼 8년 차밖에 안 되었지만, 이미 결혼 전에 십 년 이상 사귀고, 결혼한 덕분에 서로에 대해 너무나 잘 알고 있었다. 그뿐만 아니라, 결혼 전에는 전혀 문제가 되지 않았던 새로운 부분들이 가장 큰 문제로 우리 부부를 괴롭혔다. 아니 구체적으로 말하면 나를 괴롭혔다.

나를 괴롭혔던 것은 바로 처가 식구들이었다. 아니 좀 더 구체적으로 얘기하면, 처가 식구들이 아니라, 내 아내의 도를 넘은 장모님 사랑 때문이었다.

결혼 후, 남편이 열심히 일을 해서 돈을 벌어다 주면, 그것으로 재테크를 잘 해서 집을 장만해야 하는데, 우리 집을 장만하는 것이 아니라, 장모님 명의로 된 아파트를 장만해서 장모님께 드리는 것이다.

그것도 모자라서, 지금 장모님이 전세로 살고 있는 집의 주인이 그 집을 팔려고 내놓았는데, 그 집에서 살고 계신 장모님은 그 동네에서 오래 사셨기 때문에, 이사 가는 것이 여간 힘든 일이 아니었다. 그래서 아내는 장모님을 위해, 그 집을, 대출을 받아서 산 것이다. 그리고 전세금을 받지도 않고, 무상으로 살게 해 주었다.

돈이 많아서 그렇게 해 주면, 물론 문제가 없다. 하지만 매달 여기저기서 수백만 원씩 대출을 받아야만 생활이 가능한 빚더미 가계인 것을 잘 알고 있는 나로서는 이런 아내의 도를 넘은 장모님 사랑이 못마땅한 것이다.

아내에 대한 불만이 이것뿐만이 아니다. 태어난 지 1년도 안 된 갓난아기를 낮에 집에 틀어박혀서 애 보고, 뒤

치다꺼리하는 것이 싫어서, 갓난아기를 어린이집에 맡겨 놓고, 아내는 낮에 볼일 보러 다녔다. 그러다가 설상가상으로 아이는 어느 날 많이 다쳐서 집에 돌아온 것이다.

참으로 점입가경이었다. 세상에 이런 아내가 또 있을까?

더 심한 것은 애 키우는 것이 싫어서, 둘째를 임신했을 때 일이었다. 내가 회사 일로 출장을 간 사이에, 둘째를 유산시킨 것이었다. 출장지에서 장모님에게 전화가 왔다. 그리고 유산되었다는 것이다. 나는 좀 이상한 낌새를 느꼈다. 하지만 더 이상 의심을 할 수가 없었다. 그런데 몇 년이 흐른 후 부부 싸움을 하면서, 유산이 아니라, 아내가 일방적으로 낙태를 시켰다는 것을 알게 되었다.

한두 가지 일 때문이 아니라, 이렇게 복합적인 상황 때문에 이혼을 생각하게 되었다.

이혼할 것인가? 그런데도 참으면서 살 것인가? “

친구의 이야기는 바로 이런 것이었다. 그 자리에서 어떠한 결정도 우리는 내리지 말자고 다독였다. 그리고 몇 년만 더 살아 보자고 했다. 이혼하는 것은 그때 가서 해도 늦지 않지만, 한 번 이혼하면, 다시 회복하는 것은 아무리 빨라도 늦은 법이기 때문이다.

그날이 지난 후, 몇 년이 지났다. 바로 어제 그 친구와 제수씨와 너무나 사랑스러운 아이들이 우리 집에 와서, 저녁 식사를 함께 하면서, 정겨운 시간을 보냈다. 그 친구도, 제수씨도, 과거의 고민하던 모습과 철없던 모습은 보이지 않았다. 아이들도 너무나 귀엽고 사랑스러웠다. 5년 차이가 나는 첫째 딸과 둘째 아들이었다. 둘째 아들은 작년 초에 태어났다고 했다. 늦둥이인 셈인데, 그 아이로 인해 그 가정이 충만하고 풍요롭게 보였다. 말할 수 없는 무엇인가가 가득 찬 느낌이 드는 가정으로 변해 있었다.

그 가정을 보내고 나서, 나는 오늘 행복은 조건이 아니라, 선택의 문제였다는 사실을 다시 한번 확신하게 되었다. 만약에 그 친구가 3년 전에, 이혼을 결심했다면, 그 선택을 통해, 그가 얻을 수 있었던 것은 복수였을 것이다. 아내의 충실하지 못한 아내로서의 삶과 엄마로서의 삶에 대한 복수, 그리고 용납하지 못하는 것이 이혼이라는 선택으로 표출되었을 것이다. 하지만 내 친구는 보복과 용납하지 못하는 것을 선택하지 않았다. 비록 가정의 조건은 완벽하지 않았지만, 용서와 포용을 선택했고, 용납함을 선택했다. 그 결과 용서받고, 치유 받고, 용납함을 받은 사람은 내 친구의 아내가 아니라, 바로 내 친구였다는 사실을 깨닫게 되었다.

" 이 세상은 마음먹기에 따라 지옥이 될 수도 있고, 천국이 될 수도 있다." 라고 랠프 왈도 에머슨이 말한 것은 가정에도 그대로 적용이 될 것 같다. 우리의 가정도 역시 마음먹기에 따라 천국이 될 수도 있고, 지옥이 될 수도 있다. 그것은 오롯이 자기 자신의 선택에 달린 것이다.

그렇다면 우리의 선택을 결정짓는 것은 무엇일까?

그것은 바로 우리가 긍정적인 시각을 가지고 있느냐? 아니면 부정적인 시각을 가지고 있느냐? 이다. 부정적인 사람은 아내의 불충실한 면만을 보고, 불평하고, 후회한다. 하지만 긍정적인 사람은 아내의 또 다른 면, 즉 다른 남자에게 눈 돌리지 않고, 주식이나 부동산 투자에 섣불리 덤벼들어, 가정의 모든 재산을 다 날려 버리지 않고, 두 아이를 잘 낳아 주고, 그럭저럭 길러 준 점, 큰 병에 걸려

남편과 온 가족이 간호에 매달리지 않게 해 줄 만큼 건강한 면 등을 보고, 감사하고 기뻐한다. 똑같은 아내와 살고 있음에도 불구하고, 자신이 긍정주의자인지, 부정 주의자인지에 따라서, 똑같은 대상에 대해 불평할 수도, 감사를 할 수도 있는 것이다.

이런 점에서 행복은 조건이 아니라, 우리의 선택의 문제인 것이다. 불평만 하는 사람들은 자신에게 어떤 일이 생겨도 불평할 것을 먼저 찾는다. 그래서 불평이 끝나지 않는 것이다. 그래서 헨리 데이비드 소로는 이런 점을 두고, " 불평꾼은 천국에 가도 불평을 한다." 라고, 말했을 것이다. 결국 불평한다는 것은 불평할 만한 것을 찾아내고, 발견한다는 것을 의미하며, 그것은 굳이 하지 않아도 되는 것을 애써서 불행해지려고 그 길을 걸어간다는 것을 의미한다. 그래서 그러한 불평은 불평하는 자신으로 하여금, 불평 전보다 더욱더 깊이 불평이라는 불행의 연못에 자신을 빠뜨리는 것에 불과하다.

우리가 불행한 것은 어쩌면, 우리의 선택에 문제가 있기 때문이다. 그리고 우리가 행복하다면, 그것도 우리의 선택 때문이다. 이 세상에 조건이 완벽하여서, 행복을 느끼는 사람은 한 명도 없다. 자신의 삶을 통해 행복하기로 선택한 사람만이 행복을 발견하고, 누릴 수 있다.

'행복한 가정은 모두 비슷하다. 그러나 불행으로 가득 찬 가정은 모두 그 나름대로의 이유 때문에 불행하다.'

라고 말한 톨스토이의 말처럼, 그래서 행복한 사람들을 보면, 다 비슷비슷한 큰 특징을 하나 가지고 있음을 발견할 수 있다. 그렇다면 행복한 사람들의 가장 큰 특징은 무엇일까? 바로 세상을 긍정적으로 바라본다는 것이다. 그들은 자신들이 놓여 있는 불행한 측면보다는 행복한 측면을 더 잘 발견하고 그로 인해 기뻐한다. 그리고 그들은 불행이 아닌 행복을 순간마다 선택한다. 이것이 바로 행복한 가정과 사람들이 모두 가지고 있는 비슷한 공통점이다.

앤디 앤드루스는 자신의 저서 '폰더 씨의 위대한 하루' 에서 행복한 사람이 되는 비결에 관해 서술하고 있다.

'오늘 나는 행복한 사람이 될 것을 선택하겠다. 나는 감사하는 마음의 소유자다. 감사하는 마음은 절망의 구름을 순식간에 없애버린다. 나는 남과 비교하지 않겠다. 나는 지금, 이 순간 행복한 사람이다.'

남과 비교하지 않고 주어진 조건과 인생 속에서 행복할 수 있는 길을 선택하고 행복하게 살아가는 사람이 있다. 바로 호주 출신의 청년 닉 부이치치가 그런 사람이다. 그는 행복할 수 있는 조건은커녕 평범한 인간으로서의 조건도 갖추지 못한 청년이었다. 태어날 때부터 팔다리가 없었다. 하지만 그는 불행과 좌절을 선택하지 않고 행복한 길을 선택했다. 그 결과 그는 누구보다 더 행복하게 살아가고 있다. 행복은 선택한 만큼 온다는 사실을 뒷받침하는 사례이다. 그는 다음과 같이 말한다.

"저는 세계여행을 좋아하고 낚시와 골프, 수영도 좋아합니다. 저는 제 삶을 즐기고 있습니다. 저는 행복합니다."

그의 삶을 통해 우리는 한 가지 중요한 사실을 발견할 수 있다. 즉, 행복은 조건이 아니라 선택이라는 사실이다.

'느리게 사는 즐거움' 의 저자인 어니 J. 젤린스키는 자신의 또 다른 저서 '게으른 사람의 행복 찾기' 에서 행복하기 위한 규칙 2가지를 제시하고 있다.

1. 당신이 누구이든, 어디에 있든, 무엇을 갖고 있든 행복해라.
2. 인생이 힘겹고 불행하다고 생각될 때는 규칙 1로 돌아가라.

그의 말대로 우리는 선택을 통해 행복해질 수 있다. 행복해지기 위해 수많은 조건을 만들려 노력할 필요도 없다. 우리들이 숨 가쁘게 노력하는 것은 사실 행복을 위해 필요한 것들이 아니라 욕망을 채우기 위해 필요한 것들이다. 그러므로 많은 소유나 욕망은 불필요할 뿐만 아니라 행복의 장애가 될 수 있다. 따라서 마음을 비우는 것이 행복의 방법이며 비결이다.

행복한 사람은 마음이 가난한 자이다. 이러한 사실을 성경말씀은 분명하게 제시해주고 있다. 가장 행복한 사람 중에 한 명은 바로 '마음이 가난한 자' 라는 것이다. 왜냐하면, 마음이 가난한 자만이 이 세상을 모두 가진 자보다 더 행복할 수 있기 때문이다. 행복의 비결은 더 많이 소유하고 더 나은 행복의 조건을 갖추기 위해 노력하는 것이 아니라 마음을 비우고 욕심을 버려서 마음이 가난한 자가 되기를 선택하는 것이다.

하버드대학교 인생 성장보고서의 결정판인 조지 베일런트 교수의 '행복의 조건' 이란 책에서 강조하는 행복의 조건은 바로 '인생의 고통에 어떻게 대응하는가.' 이다. 즉, 행복하기 위해 인생을 살면서 만나게 되는 많은 고통들에 어떤 식으로 대응하며 살아가느냐에 따라 행복과 불행이 결정된다는 것이다. 따라서 행복은 고통의 양에 비례하는 것이 아니라 그 고통에 어떻게 대처할 것인가에 따라 판가름된다. 심리학적 용어로 이것을 '방어기제' 라고 한다.

조지 베일런트 교수는 신체적, 정신적으로 건강한 삶을 살아가기 위해 필요한 일곱 가지 조건 중에 가장 우선적으로 손꼽는 조건이 바로 '고통에 대응하는 성숙한 방어기제' 라고 주장했다. 오랫동안 연구한 하버드대학생들의 인생 성장보고서에 바탕을 둔 그의 주장은 매우 타당성이 있다. 슬픈 일이나 고통스러운 일을 당했을 때 어떤 식으로 대처해 나갈 것인가는 우리의 선택에 달려 있는 것이다.

가령 두 사람의 가장이 있다고 하자. 두 사람 모두 동일한 시기에 실직을 당했다. 한 사람은 회사가 자신을 배신했다는 점에만 집중해 하루하루를 회사에 대한 분노로 가득 찬 삶을 살았다. 그 결과 불행과 분노의 삶을 살았고 그로 인해 새로운 일을 계획하거나 준비하지 못했다. 결국 그는 인생 전부를 그렇게 허비했다.

또 다른 한 사람은 회사가 자신을 배신했다고 생각하지 않고 오히려 자신에게 새로운 기회를 부여해 준 것이라고 생각했다. 그리고 자신의 적성이나 소질이 회사와 맞지 않았다고 생각하고 새로운 길을 찾아보고자 노력했다. 그로 인해 자신도 몰랐던 자신의 새로운 소질을 발견하게 되었고 그 길로 전진할 수 있었다. 만약 그대로 회사에 다녔다면 경험하지 못했을 놀라운 소질을 발견하고 그 소질을 통해 위대한 일들을 해낸 것이다. 더욱이 자신에게 맞는 일을 발견했기에 기쁨과 행복으로 가득 찬 인생의 후반기를 맞이하게 된 것이다.

두 사람을 비교해 보면 한 사람은 실직을 겪은 후 절망과 분노의 삶을 살았고 또 한사람은 훨씬 더 나은 인생을 살게 되었다. 두 사람의 삶이 달라진 것은 무엇 때문일까? 바로 선택의 차이 때문이다. 내일은 오늘의 선택에 의해 달라지는 것이다.

조지 배일런트 교수는 행복의 선택을 위해서는 성숙한 방어기제와 함께 교육, 안정된 결혼생활, 금연, 금주, 운동, 알맞은 체중 등의 일곱 가지 조건을 제시했다. 이러한 것들은 돈이나 성공, 출세와 상관없는 것들이다. 마음만 먹으면 누구나 할 수 있는 것이다. 금연이나 금주는 돈이 많은 사람보다 돈이 없는 사람들이 더 좋아할 수 있는 항목이다. 술을 마시고 담배를 피우기 위해서는 돈이 필요하기 때문이다.

어쨌든 이 일곱 가지 조건은 모두 선택의 몫이다. 다시 말해, 행복해지기 위해 특별한 재능이나 돈, 큰 성공이 필요하지 않다는 것이다. 선택만 하면 일곱 가지 조건을 모두 행할 수 있다. 결국 행복은 누구나 평등하게 누릴 수 있는 것이다.

그렇다. 행복은 조건이 아니라 선택이다. 오늘부터라도 행복해 지기 위해 행복으로 가는 길을 선택해보자. 우리가 선택한 만큼 행복은 우리에게 다가올 것이다.

'어리석음이란 계속해서 같은 일을 반복하면서도 다른 결과를 기대하는 것' 이라고 알베르트 아인슈타인이 말했듯 우리가 불행한 이유는 계속해서 불행을 선택하기 때문이다. 우리가 불행과 다른 것을 선택하게 되면 행복을 기대할 수 있을 것이다.

행복을 선택하라. 그것이 어제와 다른 삶을 사는 방법이고 불행했던 어제와 다른 행복한 삶을 사는 기술이다. 우리가 행복해지기 위해서 필요한 것은 조건들이 아니라 행복의 삶을 선택하는 것이다. 이것은 불변의 진리이다. 인생에서뿐만 아니라 모든 일들에서도 마찬가지다. 지금까지와 다른 결과를 얻고 싶다면 다르게 행동해야 한다.

인생은 탄생과 죽음, 그리고 그 사이에 존재하는 것들이다. 다시 말해, 인생은 탄생(Birth)과 죽음(Death), 그리고 그 사이에 존재하는 것들이다. 즉, B와 D 사이에 존재하는 수많은 C(Choice)인 셈이다. 그러므로 우리는 선택을 통해 탄생과 죽음 사이에 무엇으로 가득 채울 것인지 결단하게 된다. 이제 우리는 불행을 선택하는 삶을 그만두고 행복을 선택하는 삶을 살아야 한다. 그래야 행복한 삶을 살 수 있고 실제로 행복해질 수 있다.

행복은 연습이다

'연습할수록 느는 것, 행복은 삶의 습관이다.' <리즈 호가드, 영국 BBC 다큐멘터리 ' 행복 '의 저자>

행복도 연습해야 하는 것이다. 많은 위인들이 행복은 조건이 아니고 우리의 마음과 태도에 달려 있다고 말한다. 그들의 말은 사실이다. 한 가지 더 중요한 사실은 행복도 자전거 타기나 인라인 스케이트 타기와 같다는 것이다. 행복도 연습을 한 사람이 더 행복하고, 더 오래 행복하고, 더 많이 행복하고, 더 크게 행복할 수 있기 때문이다. 필자는 직접 이런 사실을 경험했다. 필자의 실제 경험담을 소개해 보겠다.

성공과 행복에 대한 주제로 몇 년 동안 수많은 책들을 읽으며 연구할 때의 일이다. 연구를 계속하며 필자는 놀라운 체험을 했다. 바로 '아무 이유도 없이 너무나 행복해지는 경험'을 한 것이다. 생활 형편이나 사회적 지위, 재산이나 환경은 하나도 변하지 않았다. 오히려 생활고가 갈수록 깊어지는 상황이었다. 그러나 필자는 매일 행복에 대해 생각하고 연구하면서 저절로 행복해지는 느낌을 얻게 되었다.

'마음을 새롭게 하여 변화를 받는다.'는 성경 말씀처럼 마음이 새롭게 되어 행복을 만나게 된 것이다. 즉, 마음만 새롭게 바꾸면 삶이 달라지고 행복이 찾아온다는 것을 직접 경험한 것이다. 더 놀라운 사실은 지극히 행복해 지니까 하던 일에 크나큰 활력과 생동감이 생기고 엄청난 창의력과 에너지까지 생겼다는 점이다. 즉, 행복하기 위해, 필요한 것은 비장함이나 각오가 아니라 날마다 행복을 연습하고 행복과 가까워지는 것이라는 사실을 깨닫게 된 것이다.

앞에서 언급했듯 행복도 연습을 해야 한다. 처음에는 행복 연습이 이상하고, 어색하고, 효과도 없어 보이고, 쉽게 포기하고 싶어질 것이다. 하지만 어느 정도 행복 연습이 되면 그다음부터는 오랫동안 행복을 누리고 즐길 수 있게 된다. 행복은 연습을 통해 증진할 수 있고, 발견할 수 있고, 누릴 수 있는 것이다. 왜냐하면, 행복도 해본 사람이 더 잘할 수 있기 때문이다. 바로 이것이 행운과 행복의 차이 중의 하나이다.

행운은 연습이 필요 없다. 우연히 찾아오기 때문이다. 하지만 행복은 우연히 찾아오는 것이 아니라 연습에 의해 우리가 누리고, 발견하고, 만들어 가는 것이다. 이러한 사실을 발견하고 잘 표현한 사람 중의 한 명이 바로 칙센트미하이 박사이다. 그는 자신의 유명한 저서 '몰입(원제:flow)'에서 다음과 같이 설명하고 있다.

'행복이란 우연히 찾아오는 것이 아니다. 바로 이것이 나의 발견이다. 행복은 운이 좋아서라든지 어쩌다 생긴 기회의 산물이 아니다. 돈이나 권력으로 얻을 수 있는 것도 아니다. 행복은 외부의 사물에 의해 좌우되는 것이 아니라 오히려 우리들이 이것들을 어떻게 해석하는가에 달려 있다. 실제로 행복은 우리가 준비해야 하고 마음속에서 키워가야 하며, 사라지거나 빼앗기지 않도록 스스로

지켜내야 하는 특별한 것이다.'

행복하기 위해, 필요한 것은 돈이 아니라 연습이다. 행복하기 위해, 필요한 것은 성공이나 거창한 목적, 목표나 비전이 아니라 연습이다. 연습을 통해 우리는 행복을 만들어 갈 수 있으며 동시에 성취해 나갈 수 있는 것이다. 연습을 통해 행복이라는 산에 올라갈 수 있는 것이다.

행복하기 위해 행복을 선택했다면 이제 우리는 연습해야 한다. 연습을 통해 보다 완벽한 행복, 더 큰 행복을 누릴 수 있기 때문이다. 행복도 연습해야 하므로 누가 시켜서 할 수 없다. 우리는 오직 스스로 연습을 통해 행복을 만들고 누려야 한다.

영국의 철학자 버트런드 러셀도 이와 비슷한 맥락에서 다음과 같이 설파했다.

'행복은 내세의 <약속된 땅>도 아니며 어떤 요행으로 주어지는 <운명>도 아니다. 행복은 오직 스스로가 쟁취하는 것이다.'

이러한 주장들을 뒷받침해 주는 심리학 교수가 있다. 그는 바로 '행복도 연습이 필요하다(원제: The How of happiness)'의 저자인 소냐 류보머스키이다. 그는 거의 30만 명에 달하는 사람들을 대상으로 방대한 연구를 시행해 다음과 같은 결론을 내렸다. 즉, '행복도 연습을 통해 충분히 증대시킬 수 있다.'라는 것이다. 그는 인간이 느끼는 행복감에 영향을 주는 요인으로 유전적 요소 50%, 환경적 요인 10%로 분석하고 나머지 40%를 개인의 의지와 노력, 연습을 통해 향상할 수 있다고 결론 내렸다. 그리고 40% 요인에 영향을 주는 행복 증대 방법으로 12가지를 제시했다.

1. 목표에 전념하기
2. 몰입체험을 자주 하기
3. 삶의 기쁨을 날마다 음미하기
4. 감사 표현 자주 하기
5. 낙관적인 성격 가지기
6. 사회적 비교를 회피하기
7. 친절한 행동 실천하기
8. 친밀하고 좋은 인간관계 맺기
9. 스트레스에 대처하는 방법 개발하기

10. 용서해 주는 법 배우기
11. 종교 생활과 영성 생활하기
12. 몸을 보살피기

그의 주장대로 우리는 날마다 행복을 증대시킬 연습을 해야 한다. 왜냐하면, 행복을 결정짓는 요인 중에 60%는 유전적인 요인과 환경적인 요인이라 단시일 내에 바꾸기가 쉽지 않지만, 나머지 40%는 연습하고 노력하면 향상할 수 있기 때문이다.

그렇다면 어떤 연습을 해야 행복을 쟁취할 수 있고 불러들일 수 있을까? 이러한 질문의 정답은 바로 우리의 모든 행동과 생각과 삶 속에서 찾을 수 있다. 말할 때도 행복 연습을 할 수 있다. 잠을 잘 때도 우리는 행복 연습을 할 수 있다. 생각할 때도 행복 연습을 할 수 있다. 아침부터 밤늦게까지 우리는 언제나 행복 연습을 할 수 있다. 공부를 하면서도, 일을 하면서도, 밥을 먹으면서도 우리는 행복 연습을 할 수 있는 것이다. 구체적인 연습 방법에 대해 살펴보자.

우선 '난 행복해!' 라고 말하는 것이 시작이다. 아침에

눈을 뜨자마자 '아, 행복한 하루가 시작되었구나. 밤사이 잘 자고 일어났네, 역시 난 행복한 사람이구나. 이렇게 멋진 하루가 또 내게 주어졌다니, 역시 난 행복한 사람이야!' 라고 크게 외쳐보자.

맛있는 밥을 먹으면서 '굶어 죽는 사람들도 많은데 이렇게 맛있는 밥을 먹을 수 있으니 나는 너무 행복해.' 라고 말해보라. 출근을 하면서, 혹은 학교에 가면서 '백수도 많고 백조도 많은데 이렇게 일자리가 있으니 난 정말 행복한 사람이야.' 혹은 '누구는 가정형편 때문에 마음 놓고 학교에 다니지 못하는데 나는 아무 걱정 없이 공부만 하면 되니까 정말 나는 행복한 사람이야.' 라고 생각하라.

실직한 사람이라도 '누구는 죽어도 하기 싫은 일을 생계를 위해 어쩔 수 없이 노예처럼 일하는데 나는 적어도 그렇게 노예로 살지 않으니 참으로 행복한 사람이야.' 라고 말해보라. 바로 이런 것이 행복 연습이다.

세상의 모든 일은 동전의 양면처럼 앞면이 있으면 뒷면이 반드시 있게 마련이다. 즉, 어떠한 일에도 좋은 점이 있고 동시에 나쁜 점도 있다는 사실이다. 그래서 '이제 물이 반밖에 안 남았네.' 가 아니라 '아직도 물이 반이나 남았네.' 라는 생각을 선택하는 행복 연습을 해야 한다. 이러한 행복 연습이 바로 행복 습관으로 이어지기 때문이다.

다음의 행복 연습은 자신을 행복하게 만드는 생각을 선택하라는 것이다. 행복 연습을 통해 행복 습관으로 이어지게 되면 이제 행복의 기술을 거의 터득한 것이나 마찬가지다. '행복하다고 외쳐라.' 의 저자인 오리슨 스웨트 마든은 행복 습관이 행복의 비결임을 설파하고 있다.

'인생은 놀이, 재미, 빛, 명랑함으로 가득해야 한다. 기뻐할 어떤 것을 찾는 습관을 길러라. 매일 한 가지씩 기뻐할 것을 찾아라. 다음에는 두 가지를 찾아라. 다음에는 세 가지, 다음에는 한 시간에 하나, 다음에는 매 순간에 하나, 그러면 당신은 행복의 비결을 터득하게 될 것이다.'

'행복의 공식' 의 저자인 슈테판 클라인은 행복도 자주 겪어본 사람이 그렇지 못한 사람보다 더 자주 행복하고 더 빨리 행복을 느낄 수 있다고 말한다. 그리고 행복을 더 자주 경험하기 위해 즐거운 곳이라면 어디든지 달려가라고 주문하고 있다.

그의 말처럼 행복도 해본 사람이 더 잘하게 된다. 그래서 즐거운 곳이라면 어디든지 달려가거나 언제나 즐거운 마음을 가지고 자주 연습해야 한다. 행복은 연습하면 더 커지고, 더 많아지고, 더 강력해진다.

슈테판 클라인이 주장하는 또 다른 행복의 공식은 '행복한 감정과 같은 새로운 감정을 만들어내기 위해서는 반복적으로 학습하는 것이 중요하다.' 라는 것이다. 반복적으로 학습하고 연습하는 것이 행복의 공식이며 비결이라는 말이다.

세상에서 가장 나쁜 생각은 불행이 불가피하다는 생각이다. 인생을 살다 보면 어쩔 수 없이 불행하게 살아야 할 때도 있다고 생각한다는 것이다. 하지만 이러한 생각은 가장 어리석은 생각이다. 불행은 충분히 극복할 수 있고 행복으로 전환할 수 있는 대상이기 때문이다.

에덴동산이 왜 파라다이스일까? 그곳에는 경쟁이 없고 욕심이 없는 곳이기 때문이다. 인간은 욕심을 내기 시작하면서 경쟁하게 되었고 그러한 경쟁심이 바로 비교 심리를 부추기게 된 것이다. 그 탓에 우리는 아무리 많이 가져도 내 이웃보다 조금이라도 적으면 만족하지 못하고 행복하지 못하게 된다.

경쟁과 욕심을 극복해야 우리는 행복할 수 있다. 욕심을 극복하고 경쟁과 비교 심리를 극복하는 시작은 바로 우리 내면의 마음에서 시작된다. 즉, 생각은 행복을 누리는 데 초점을 맞추어 살아가는 것을 연습하는 것이다.

우리를 행복하게 해주는 생각은 지금 당장 할 수 있다. 그렇게 하기 위해 돈이 들거나, 성공을 쟁취하거나, 좋은 집이나 자동차가 있어야 하는 것이 아니다. 생각만으로 우리 자신을 행복하게 만들 수 있고 부유하게 만들 수 있다. 그것이 긍정심리학이다.

행복한 사람에게는 행복해지는 습관이 있다. 현대 심리학자들은 행복에 관하여 다양한 연구 결과를 분석하고 종합한 결과 행복한 사람에게는 행복해지는 습관이 있다는 사실을 발견했다. 그렇다면 불행한 사람들도 연습을 통해 습관화시키면 행복해질 수 있다는 말이다. 심리학자들이 주장하는 행복해지는 습관들을 살펴보면 '남들과 비교하지 않기', '후회하지 않기', '실패를 재평가하여 좋은 쪽으로 생각하기', '자족하기' 등이 있다. 물론 행복해지는 습관은 성격에 따라 어려운 일일 수도 있다. 그러나 연습을 통해 충분히 개선이 가능하다는 것이 심리학자들의 공통된 주장이다.

심리학자들은 행복이 악기 연주처럼 배울 수 있는 '기술'이라고 주장한다. 그리고 사람마다 행복해지기 위해, 즉 행복한 삶을 살기 위해 저마다의 방법으로 연습을 하면 행복해질 수 있다고 말한다. 즉, 부산에서 서울로 가기 위해 비행기를 타고 가든, 기차를 타고 가든, 자동차를 타고 가든 상관없다는 것이다.

다만, 고소공포증이나 비행기 공포증이 있는 사람에게는 비행기를 타고 가는 방법이 최악의 방법이고 불가능한 방법이며 고통의 방법일 것이다. 이런 사람에게 필요한 것은 비행기를 타고 빨리 가는 방법이 아니라 기차나 자동차로 가는 방법이 최고의 방법이다. 또한, 운전을 하지 못하는 사람에게 무조건 자동차를 운전해서 가라고 강요하는 것은 어리석은 방법이다. 이런 사람에게는 기차나 비행기를 타고 가거나 운전자를 제공해 주어야 한다.

이처럼 행복해지기 위한 행복의 비결은 한 가지가 아니다. 사람마다 다를 수 있다. 하지만 분명한 사실은 부산에서 서울로 가기 위해서는 그 방법이 무엇이건 출발해야 한다는 사실이다. 마찬가지로 행복하기 위해서는 반드시 행복해지는 방법을 선택하고 연습해야 하는 것이다. 행복한 삶도 하나의 기술이며 하나의 습관이기 때문이다. 연습을 많이 해 자신에게 가장 익숙하게 만든다면 그다음부터는 어떤 상황에서도 행복할 수 있을 것이다.

행복은 연습할수록 느는 것이다. 우리가 좇아가서 획득하는 것이 아니라 연습과 노력을 통해 날마다 만들고 창출해 내는 것이다. 그러므로 지금 당장 행복해지는 방법을 연습하라. 그러면 행복해질 수 있다.

행복은 희생이 아니라 즐거운 놀이다

행복은 즐김에서 나온다. 행복한 사람은 어디를 가도 행복하고 불행한 사람은 어디를 가도 불행하다. 왜냐하면, 행복의 비결은 무엇을 하느냐가 아니라 어떻게 하느냐에 달려 때문이다. 즉, 똑같은 일을 해도 한 사람은 행복하지만, 다른 사람은 불행할 수 있다는 것이다.

군대 생활을 할 때, 필자는 군대 체질이라는 소리를 많이 들었다. 왜냐하면, 언제나 군대 생활을 즐기고, 좋아하고, 만족해했기 때문이다. 군대 생활을 잘 하기 위해서는 상관이 시키는 것을 잘하고 단조로운 하루하루를 잘 버티면서 지내야 한다고 한다. 하지만 필자는 하루하루를 즐겁게 지냈다. 군대 생활을 희생이라고 한 번도 생각하지 않았기 때문이다. 그래서 군대 생활을 온전히 즐길 수 있었다. 즐기니까 행복해지고 그로 인해 행복한 군대 생활을 했다.

군대에서 제대하고 대학교에 복학하여 남들과 다를 바 없이 취업 준비, 학과 공부, 졸업 준비를 했다. 많은 친구는 취업을 하기 위해, 성공을 하기 위해, 더 나은 삶을 위해 희생하며 공부하고 졸업장을 따기 위해 노력했다. 그러다 보니 그다지 행복하지 않은 학창 시절을 보냈다. 하지만 필자는 취업을 하기 위해, 성공을 하기 위해 희생하며 공부하는 것이 아니라 공부 그 자체를 즐겼다. 즐기니까 공부가 재미있고 재미있으니까 잘하게 되었다. 그 결과 학점이 좋으니까 좋은 회사에 취직도 되었다. 학교에 다닐 때 많은 사람이 필자를 학구파라고 칭찬하며 교수 체질이라고 말했다. 필자도 공부가 좋다. 즐기는 방법을 알기 때문이다.

대학을 졸업하자마자 3학년 때부터 취업이 된 회사에 다녔다. 국내 최고의 기업이라고 하는 회사지만 사실 새벽부터 새벽까지 일을 하는 경우가 많았다. 특히 IMF를 직접 겪었다. 모든 회사가 힘들고 어려운 시절이었다. 동기 중에 몇 명은 회사 일이 너무 많고 힘이 들어 회사를 그만두었다.

그러나 필자는 그런 삶을 즐겼다. 그래서 그토록 빡빡한 시절에도 살아남았고 누구보다 더 회사 생활을 즐기면서 일하니까 지위도 높아지고 경제적으로 안정이 되었다. 동기들은 필자에게 회사 체질이라고 말하면서 가장 오래 회사에 남아있을 것 같다고 말했다.

이처럼 행복의 기술은 희생한다고 생각하지 않고 즐긴다고 생각을 하면서 즐기는 방법을 찾아내 즐기는 것이다. 무엇을 하든지 희생한다고 생각하는 순간 정말 희생해야 하기 때문이다. 하지만 즐긴다고 생각하는 순간 즐길 방법이 생기고 즐길 수 있게 된다. 그렇게 즐기게 되면 그 사람은 행복의 길로 들어서게 되는 것이다.

인터넷에 떠돌아다니는 것 중에 이런 말이 있다. 군대에서 많이 사용하는 용어인 구보와 민간인들이 많이 사용하는 조깅은 똑같이 뛰는 것을 말하는 단어이지만 그 차이와 결과는 엄청나다.

구보와 조깅의 차이는 하나는 누가 시켜서 하는 것이고 안 뛰면 맞는 것이지만 다른 하나는 스스로 즐기면서 하는 것이기 때문에 안 뛰어도 맞는 일은 없다. 구보와 조깅의 결과는 둘 다 뛰는 것이지만 하나는 엄청난 고통을 유발하게 시키고 다른 하나는 엄청난 기쁨과 건강을 유발한다. 평범한 이야기지만 이 말 속에는 희생이 아닌 즐기는 태도가 바로 행복하게 살아가는 비결이라는 심오한 뜻이 담겨 있다.

행복은 미래형이 아니라 현재진행형이다.

'진정한 삶은 현재뿐이다. 따라서 지금 이 순간 최선을 다해 사는 일에 정신력을 집중하고자 노력해야 한다.'
<톨스토이>

행복은 현금(現金)이 아닌 현금(現今)에 있다. 행복은 현금(現金)에 의해 결정되는 것이 아니라 현금(現今)에 의해 결정된다. 행복의 최고 기술은 바로 현재, 즉 현금(現今)을 붙잡는 기술인 것이다. 수많은 사람이 행복하지 못한 원인은 과거를 후회하고 미래를 걱정하기 때문이다. 그래서 현재의 행복을 누리지 못하는 것이다. 현재 누려야 할 행복은 온전히 현재에 있어서 현재를 붙잡아서 누려야 한다.

‘말할 수 없는 것에는 침묵해야 한다.’ 라는 명언을 남긴 비트겐슈타인은 그 사실을 잘 알고 있었다. 그는 ‘행복한 사람은 항상 현재에 산다. 행복한 사람은 회한에 젖을 과거가 없고 불안해할 미래가 없어서 삶 전체가 현재화되어 있다.’ 라고 말했다. 또한, 대문호 레오 톨스토이는 ‘세 개의 질문’ 이란 주제로 다음과 같이 말했다.

“중요한 때는 단 한 번뿐이오. 바로 ‘지금’ 이란 말이오. 그것은 우리가 힘을 지니고 있는 유일한 때이므로 가장 중요한 시간이오. 그리고 가장 필요한 사람은 지금 당신과 함께 있는 사람이오. 어떤 사람도 자신이 누구와 인연을 맺게 될지 알 수 없기 때문이오. 또한 가장 중요한 일은 그에게 선을 베푸는 것이요. 왜냐하면 사람은 바로 그 목적을 위해 이 땅에 태어났기 때문이오.”

그의 말처럼 우리 인생에서 우리가 행복해질 수 있는 가장 중요한 때, 가장 적당한 때, 가장 좋은 때는 단 한 번뿐이다. 바로 ‘지금’ 이다. 그래서 수많은 현자는 ‘지금 이 순간’ 을 누리는 방법을 터득하고 그렇게 살았기 때문에 누구보다 행복함으로 살 수 있었다. 즉, 그들이 행복한 삶을 살 수 있었던 비결은 바로 ‘지금 이 순간’

을 붙잡고 살았기 때문이다.

그런 의미에서 '소유를 통한 행복' 을 선택한 인류는 소유하지 못한 지금 이 순간이 아닌 좀 더 많은 것들을 소유할 수 있을지 모를 미래를 붙잡고 살아가기 때문에 불행할 수밖에 없었다. 불행한 인류가 선택했던 행복은 아직 존재하지도 않는 미래를 위해 현재 존재하는 지금 이 순간을 희생시키는 어리석은 방법이었다. 그래서 현재 존재하고 있지만 미처 깨닫지 못한 수많은 행복이 눈이 녹듯 없어져 버리게 되었고 사라진 행복을 다시 소유하기 위해 인류는 자신을 또다시 채찍질하게 되었다. 존재하지 않는 미래를 위해 유일하게 존재하는 때인 현재를 희생하며 살아갔던 것이다.

우리는 더 이상 존재하지 않는 과거와 아직 존재하지도 않는 미래 때문에 지금 존재하는 현재의 행복을 놓치면서 살고 있다. 그래서 이것도 저것도 모두 누리지 못하게 되어 불행한 현재를 살고 있다.

'우리는 사소한 것에 목숨을 건다(원제:Don' t sweat The small stuff … And It' s Small stuff)' 의 저자이

며 세계적인 심리치료사인 러처드 칼슨은 또 다른 자신의 저서 '행복의 원칙'에서 행복으로 가는 10대 원칙을 주장했는데 그 원칙 중의 하나가 '지금 이 순간을 살아라.'이다. 그는 말한다.

"많은 사람이 자신의 삶을 마치 미래를 위한 리허설인 것처럼 살고 있다. 사람들은 과거나 미래에 대한 생각들로 혼란스럽기 때문에 현명하고 올바른 삶을 살아가기 힘들다고 주장한다. 그러나 행복하게 살기 위해서는 과거나 미래를 살지 말고 현재를 사는 법을 배워야 한다. 현재를 사는 법을 배운 사람들은 인생에서 자신이 가장 원하는 것, 즉 만족감을 얻게 되기 때문이다."

그의 말처럼 행복은 지금 이 순간을 붙잡아야 발견할 수 있고 누릴 수 있는 것이다. 그래서 행복은 현금(現金)이 아닌 현금(現今)에 달려 있다고 말하는 것이다.

우리는 우리의 삶이 더욱더 완벽해지고 보다 더 많은 것들이 갖추어진 다음에야 행복할 수 있다고 오해한다. 하지만 아무리 완벽해지고 아무리 많은 것들이 갖추어져 있다 해도 지금, 이 순간 행복할 수 없는 사람은 그때가 되어도 행복해질 수 없다. 왜냐하면, 행복은 자전거 타기와 같기 때문이다. 자전거를 타려면 반드시 자전거가 있어야 하고 사람이 있어야 한다. 자전거가 아무리 초라해도 상관없다. 탈 수 있기만 하면 된다.

자전거는 우리의 인생과 같은 것이다. 필요한 것은 앞으로 나아갈 수 있는 자전거면 충분하다는 사실이다. 즉, 우리가 행복해 지기 위해서는 우리에게 주어진 인생이면 이미 충분하다는 사실이다. 아무리 자전거가 값비싼 금으로 만들었다 해도 그것을 탈 사람이 타는 연습을 하지 않으면 자전거를 탈 수 없다. 반드시 연습을 통해 자전거 타는 법을 배워야 한다.

우리의 인생도, 행복도 이와 같다. 아무리 잘 갖추어진 인생이라도 행복해지는 법을 배우지 못한 사람은 행복할 수 없다. 그리고 또 한 가지 중요한 사실은 자전거 타기는 반드시 현재, 지금, 이 순간 타야 한다는 것이다. 과거나 미래에 자전거 타기를 할 수 있는 사람은 없다. 지금, 이 순간 자전거를 타는 것이 자전거를 타는 가장 좋은 방법이다. 행복도 이와 마찬가지이다. 지금, 이 순간을 붙잡고 행복해지는 연습을 하고 행복해하는 것이 행복의 비결이다.

죽은 사람들이나 생명이 없는 기계들이 생각할 수 있다고 가정해 보자. 생명이 없는 기계들은 생명으로서 살아 보기를 간절히 소망하고 원하지만 절대 그럴 수 없다. 하지만 우리는 어떠한 노력이나 어떠한 연습도 없이 생명으로서 살아가고 있다.

우리의 행복도 이와 같은 것이다. 행복은 살아가는 것의 여러 가지 방법과 선택 중에 하나에 불과하다. 누구는 열정적으로 살아가고, 누구는 희망을 품은 상태로 살아가고, 누구는 신앙을 품은 채로 살아가고, 누구는 큰 비전을 품은 채로 살아간다. 반면, 또 다른 이는 큰 상처를 안은 채 살아간다. 큰 슬픔을 느끼며 살아가기도 한다.

그러므로 지금, 이 순간을 즐겨야 한다. 행복을 품은 채 지금, 이 순간을 행복하게 살아가면 그만이다. 중요한 것은 행복이 미래에 있는 것이 아니며 지금, 이 순간, 즉 현금(現今)이 결정한다는 사실이다. 우리가 행복할 수 있는 유일한 시간은 현재이다. 그러므로 우리가 행복할 수 있는 길은 현재 행복할 수 있는 길뿐이다. 그래서 행복은 과거형도 아니고 미래형도 아니다. 오직 현재형뿐임을 알아야 한다. 그러므로 오늘을 행복해하라. 그리고 오늘을 즐겨라. 오늘을 잡아라. 바로 '카르페 디엠(Carpe diem)'이란 말이 우리에게 주는 교훈이다.

또한, 어떠한 상황이 우리에게 닥치더라도 그것을 받아들여야 한다. 설사 그것이 천공의 신 주피터가 우리에게 또 한 번 시련의 겨울을 선사한 것이라도, 혹은 투스칸해 절벽이 무너져 지금, 이 순간이 우리의 마지막이 된다해도!

그대가 현명하다면 포도주는 오늘 체로 걸러라.
짧기만 한 인생에서 먼 희망은 접어야 한다.
우리가 이렇게 말을 하고 있는 동안에도
시간은 우리를 시샘하여 멀리 흘러가 버리니
내일이면 늦으리니
카르페 디엠(Carpe Diem)!
지금, 이 순간을 붙잡아라!

<퀸투스 호라티우스 플라쿠스(BC 65 ~ BC 8)>

행복하게 살아가고자 한다면 지금, 이 순간 행복을 품어야 한다. 지금, 이 순간 행복을 느껴야 한다. 지금, 이 순간 행복을 발견해야 한다. 지금, 이 순간 행복을 생각해야 한다. 지금, 이 순간 행복을 선택해야 한다. 지금, 이 순간 행복을 연습해야 한다. 이것이 행복의 기술이다.

오늘 행복하지 못한 사람에게는 내일의 행복도 없다! 반면, 오늘 행복한 자에게는 내일의 행복도 존재한다! 오늘 행복함으로 사는 것이 내일 행복의 씨앗이기 때문이다. 그러므로 오늘 행복한 것은 내일의 행복을 위해 투자하는 것과 다름없다. 행복이 행복을 낳기 때문이다.

이 사실을 누구보다 잘 알았던 사람이 바로 헨리 데이비드 소로였다. 그는 미래에 대한 걱정과 두려움 때문에 현재를 불행하게 살고 있는 상황을 다음과 같이 문학적으로 표현했다.

'왜 우리는 이렇게 쫓기듯 인생을 낭비해 가면서 살아야 하나? 우리는 배도 고프기 전에 굶어 죽을 각오를 하고 있다. 사람들은 제때의 한 바늘이 나중의 아홉 바늘의 수고를 막아준다고 하면서 오늘 천 바늘을 꿰매고 있

다.'

그의 말처럼 우리는 오늘 조금 더 노력하고, 인내하고, 참으면 내일의 아픔과 수고를 예방할 수 있다고 스스로 믿으면서 오늘의 인생과 행복을 낭비하면서 살아가고 있는 것이다. 하지만 오늘 행복의 유통기한은 바로 오늘이라는 사실이다. 이 사실을 인류는 간과해 버렸다.

오늘의 석양은 결코 내일의 석양과 다르다는 사실을 간과한 채 내일의 석양을 보기 위해 오늘의 석양을 보는 것을 내일로 미룬다. 그리고 오늘은 인내하며, 참아내며, 천 바늘을 꿰매는 수고를 아끼지 않고 있다. 하지만 내일이 되어서야 오늘의 석양은 바로 어제가 아니면 다시는 보지 못한다는 사실을 알게 되고 후회하게 된다. 그렇게 후회하면서 그날의 석양도 또한 놓쳐버리게 된다. 이래저래 석양을 감상하지 못한 채 무엇인가에 쫓기면서 인생을 낭비해 가는 것이다.

'어제는 부도난 수표이다. 내일은 약속어음이다. 오늘이야말로 유일한 현금이다. 현명하게 사용하라.'

리온스의 말이다. 그의 말처럼 우리가 사용할 수 있는 유일한 현금은 바로 오늘이다. 그리고 그 현금을 현명하게 사용하는 유일한 방법은 오늘을 즐기며 행복하게 사는 것이다. 오늘 행복의 유통기한은 바로 '오늘' 뿐이다. 이 사실을 명심하자. 오늘의 행복은 오늘 행복하게 사는 길뿐이다. 내일 아무리 성공하고 큰 부와 권력을 가지게 된다고 해도 오늘의 행복을 내일 살 수 없고 구할 수 없다는 사실을 명심하자.

행복이란 가게에서 구매해 냉장고에 보관해 놓고 필요할 때마다 꺼내먹을 수 있는 것이 아니다. 그날의 행복은 오직 그날만 먹을 수 있고, 사용할 수 있고, 입을 수 있고, 누릴 수 있는 것이다. 그러므로 행복은 절대 미루지 못한다. 이러한 사실을 간과한 채 인류는 미래의 행복과 성공을 위해 현재의 행복을 저축해놓고, 보관해 놓고, 미루는 성취 주의자들이 되어버렸다. 미래에 성취하면 과거 수십 년 동안 미루어 놓았던 행복들을 모두 되돌려받을 수 있다고 착각하며 살고 있다.

이러한 사실을 간파한 학자는 하버드대학에서 '행복학 강의' 를 하고 있는 탈 벤 샤하르 교수이다. 그는 사람들을 4가지로 분류해 행복에 대하여 설명하고 있다. 그 4가지 분류는 바로 '성취주의자', '쾌락주의자', '허무주의자', '행복주의자' 이다.

인류는 이미 충분히 영리해졌다. 그래서 쾌락주의자나 허무주의자는 바람직하지 못하다는 사실을 잘 알고 있다. 하지만 성취주의자와 행복주의자에 대해서는 분명하게 구별하지 못하고 있다. 지금도 수많은 사람이 성취주의자의 방식을 지향하며 살고 있기 때문이다. 자신이 목표로 하는 대학에 입학을 하면, 자신이 원하는 회사에 취직만 하면, 자신이 원하던 지위를 얻기만 하면, 자신이 원하는 차를 사기만 하면, 자신이 원하는 돈을 벌기만 하면, 자신이 원하던 성공을 성취하기만 하면 반드시 행복해질 수 있다고 믿는 것이다. 그리고 지금까지의 모든 희생과 수고와 미루었던 행복을 보상받을 수 있다는 생각을 가지고 목표만 향해 달려간다. 그들이 바로 성취주의자이다.

이들은 한 마디로 현재의 행복을 내일의 목표 달성을 위해 미루는 사람들이다. 이들은 과정이 아니라 결과만 중요시하는 사람들이다. 미래의 목표성취를 위해 오늘의 행복을 저당 잡히는 사람들이다. 현대인들의 가장 많은 사람이 이러한 부류의 사람들이다. 이들은 목표 달성이라는 자전거를 타고 있어서 쉴 수가 없다. 계속 달려야 넘어지지 않는다고 믿기 때문이다.

하지만 이제 '성취주의자'가 아닌 '행복주의자'가 되어야 한다. 행복주의자는 오늘의 행복을 미래의 성공을 위해 저당 잡히거나 미루지 않는 사람들이다. 현재의 행복은 누리면서 동시에 미래의 행복과 성공까지도 준비해 나가는 사람들이다. 즉, 목적지뿐만 아니라 목적지로 가는 과정도 즐기면서 나아가는 현명한 사람들인 셈이다. '나를 찾아가는 여행'의 저자인 로빈 S. 샤르마는 다음과 같이 표현했다.

'내가 말하고 싶은 것은 결코 미래의 성취를 위해 현재의 행복을 미루어두지 말라는 것이네. 행복은 여행에 있는 것이지 목적지에 있는 것이 아니라네. 그러므로 현재 속에 살라는 것이네. 그렇다고 목표를 세우지 말라는 것이 아니네. 다만, 하루하루 우리 앞에 놓여 있는 특별한 순간을 즐기라는 것이지. 왜냐하면 지금, 이 순간이 우리가 가진 전부이기 때문이라네. 우리가 삶을 충실히 살아

야 할 때는 복권에 당첨되거나 은퇴했을 때가 아니라네, 그것은 바로 지금, 이 순간일세.'

행복은 바로 지금, 이 순간을 붙잡는 사람에게만 가까이 다가온다. 그러므로 지금, 이 순간을 붙잡고, 지금, 이 순간을 즐기며, 지금, 이 순간을 감사하며, 지금, 이 순간 최선을 다하며, 지금, 이 순간 주위 사람들에게 최고의 선을 베풀며, 지금, 이 순간 최고의 삶을 살아가야 하는 것이다.

‘ 행복은 스스로 만족하는 자의 것이다.’

<아리스토텔레스>

제6장, 행복은 마음에서 온다.

'행복은 우리의 일상에 숨어 있다. 행복은 사소한 것에 있다.' <존 러스킨>

행복은 타인으로부터 온다

행복은 이타주의에 그 뿌리가 있다. 불행하게도 많은 성공학 도서는 이기적으로 살고 자신을 먼저 우선시해야 행복할 수 있다고 가르친다. '행복한 이기주의자'의 저자인 웨인 다이어는 단도직입적으로 말한다. 행복해지기 위해서는 먼저 이기주의자가 되어야 한다고 말이다.

하지만 이기주의자들은 대부분 참된 행복을 누리지 못하고 살아가는 불행한 사람들이라고 반박하고 싶다. 참된 행복은 이기주의가 아닌 이타주의와 더 가깝다고 말이다.

하지만 과연 이 말에 의문을 품는 독자들도 있을 것이다. 참된 행복이 왜 이타주의와 더 가까운지에 대해 살펴보기로 하자. 우선 주부들에 대해 살펴보자. 우리 어머니 시대의 주부들은 한 마디로 헌신, 희생의 대명사였다. 우리 시대의 사람들은 모두 어머니를 생각할 때 눈물부터 나온다고 한다. 그만큼 우리 어머니 시대의 어머니, 즉 주부들이 남편과 자녀들을 위해 상상할 수 없는 헌신을 했기 때문이다.

자신의 인생, 자신의 행복, 자신의 취미생활 등은 도저히 상상도 하지 못한 시대이니 그저 남편과 자녀들의 앞날을 위해서만 헌신과 희생을 아낌없이 베풀었다. 하지만 지금의 주부들을 살펴보면 어떤가? 그때와 같이 자녀와 남편을 위해 자신의 인생과 행복을 희생하며 헌신하는 주부들은 거의 찾아볼 수 없다. 그렇다고 이 시대의 주부들이 헌신적이고 희생적이지 않다는 것은 아니다. 즉, 그

당시 주부들의 삶과 지금 이 시대 주부들의 삶이 근본적으로 많이 바뀌게 된 것은 바로 시대적 패러다임의 변화와 문명의 발달, 과학기술의 진보 때문이라고 할 수 있다. 변화의 원인에 관한 이야기는 각설하고, 우리 어머니 시대의 주부들과 현대의 주부들 삶을 객관적으로 비교해 볼 때 현대의 주부들이 훨씬 더 편리하게, 윤택하게 살고 있다. 그뿐만 아니라 여성의 사회적 지위와 권리 등이 비교도 못할 정도로 향상되었다. 하지만 편리하고 윤택해지고 행복하다고 볼 수 있는 현대 주부들의 자살률, 이혼율이 압도적으로 높다.

죽고 싶을 만큼 살기 힘든 그 시대에는 자살하는 주부들이 거의 없었는데 살기 좋아진 오늘날의 주부들이 더 많이 자살하는 것일까? 그것은 생활고 때문이 아니라 우울증 환자가 급증하였기 때문이다. 왜 살기 좋아진 오늘날, 다양한 취미생활과 문명의 이기를 누릴 수 있음에도 우울증 환자가 급증한 것일까?

현대에 오면서 우울증 환자가 급증한 가장 큰 이유는 주부들이 자녀들과 가정을 위해 자신을 희생하기보다는 자신의 인생, 자신의 삶, 자신의 행복, 자신의 미래를 먼저 생각하기 때문이다. 즉, '자신의 행복'을 자녀들의 행복, 가족들의 행복보다 우선시하는 현대가 되면서 아이러니하게도 우울증에 걸려서 불행한 삶을 살고 있다.

여기에 인생의 오묘한 역설이 숨어 있다. '살고자 하는 자는 죽을 것이요, 죽고자 하는 자는 살 것이다.'라는 역설처럼 과거 우리의 어머니 세대는 정말로 헌신적이며 이타적이었다. 자신의 삶과 자신의 행복보다는 자녀들의 인생, 가족들의 인생을 위해 헌신하는 세대였다. 그런데도 우울증에 걸린 주부들은 거의 없다.

하지만 현대에 많은 여성들이 자신의 인생, 자신의 행복, 자신의 미래에 너무 집중한 결과 자신의 인생과 행복과 미래가 망가지고 있다. 자신만을 생각하는 이기주의자가 되면 행복해질 수 있는 것이 아니라 너무나 협소하고 편견에 치우친 불행한 삶을 살 수밖에 없으며, 참된 행복을 누릴 수도 없다.

참된 행복은 타인을 위해, 주위 사람들을 위해, 가족들을 위해 희생하며 그 희생을 희생이라고 생각하지 않는 것에 있다. 아울러 나로 인해 누군가가 더 행복해지고 즐거워한다는 사실로 큰 만족을 얻게 될 때 비로소 참된 행복을 누릴 수 있게 되는 것이다. 그러한 사례 중의 하나가 마더 테레사 효과라는 현상이다.

하버드 의대에서 실시한 한 실험에 따르면 마더 테레사의 일대기와 같은 영화를 보면 면역항체가 영화를 보기 이전보다 증가한다는 사실을 밝혀냈다. 이와 같이 '누군가가 타인을 돕는 행위를 하는 것을 보는 것과 같이 간접적인 체험을 하는 것만으로도 면역력이 증가하는 효과'를 우리는 '마더 테레사 효과'라고 부른다. 이러한 현상은 인간에게만 나타나는 특성이다. 과연 마더 테레사 효과라는 현상이 발생하는 이유가 무엇일까?

인간은 누구나 본질적으로 타인을 도와주는 상태가 가장 최적의 상태이기 때문에 우리 몸이 먼저 알고 반응하기 때문이라고 볼 수 있다. 우리는 바로 그러한 존재다. 이와 반대로, 타인은 죽든지 말든지 상관하지 않고 자신만 돌보는 사람은 더 쉽게 우울증에 걸리고 더 쉽게 질병에 걸린다. 그리고 더 쉽게 더 많은 스트레스를 받는 사람으로 전락하고 만다. 이러한 사실을 깨닫는 사람이라면 절대 이기적으로 생각하고 행동하지 않을 것이다.

몸의 긍정적이고 플러스적인 반응 측면을 떠나서 타인을 도와 줄 때 우리는 정신적으로 더 큰 유익함을 얻게 된다. 그것은 바로 우리가 타인을 도와줄 때 비로소 행복과 보람을 느끼며 가치 있는 일을 했다는 자각을 통해 삶의 의미를 찾을 수 있다는 점이다. 즉, 인간은 누군가를 도와주는 상태로 존재할 때 가장 바람직한 상태가 되기 때문에 존재를 통한 행복을 느낄 수 있는 것이다.

러너스 하이(runner' s high)란 말이 있다. 달리기를 하다 보면 기분이 좋아지고 쾌감을 느끼며, 황홀경에 빠져들게 되는데 그 상태를 러너스 하이라고 한다. 러너스 하이를 경험해 본 사람들은 이러한 기분에 중독이 되어 비바람이 불어도 달리기를 하게 된다. 그 정도로 러너스 하이의 쾌감은 강력하다. 마약에 뇌가 반응할 때 뇌 속에서 분비되는 물질과 비슷한 물질이 이 때에도 발생한다고 한다.

러너스 하이의 절정감을 경험하기 위해서는 반드시 한계점을 극복하고 계속 뛰어야 한다. 즉, 고통을 극복하고 맛보는 환희인 셈이다. 스포츠 의학용어인 이것은 마라톤을 할 때뿐만 아니라 어느 정도의 강도의 운동을 30분 이상 계속할 때도 느끼게 된다. 이 상태를 다른 말로 ‘운동 하이(exercise high)’라고도 한다.

이 용어를 처음 소개한 캘리포니아대학교의 심리학자 아놀드 J 맨델은 자신의 논문에서 다음과 같이 설명하고 있다.

‘30분가량 계속 달리면 기분이 좋아지며 다리와 팔은 가벼워지고 리듬감이 생긴다. 피로가 사라지면서 새로운 힘이 나기 시작하는 야릇한 시간이 오기도 하며 주위의 풍경이 굉장히 밝고 색깔이 아름답게 느껴진다. 몸은 세상에서 분리돼 유영을 하는 느낌이다. 만족감이 몸 속 깊은 곳에서 밀려나와 넘치는 것이다.’

이것과 비슷한 현상이 의외의 활동을 통해서 일어나는 경우가 있다. 그것은 바로 마더 테레사 효과와 일맥상통한 현상으로 ‘헬퍼스 하이(Helper’s high)’라는 현상이다.

러너스 하이와 매우 비슷한 헬퍼스 하이는 타인을 도와

주면 도움을 받는 타인보다도 오히려 자신이 더 행복해지고, 기분이 좋아지고 행복하게 되는 현상을 말한다. 즉, 타인을 도와주는 헬퍼들이 느끼게 되는 최고의 기분을 말한다. 남을 도와주면 기분이 최고조로 좋아질 뿐만 아니라 혈압 수치가 떨어지고, 콜레스테롤 수치도 낮아지고, 엔돌핀이 정상치보다 3배 이상 증가된다. 아울러 면역력이 향상 된다. 한 마디로 건강해진다는 것이다.

뿐만 아니라 자신의 자아와 정체성도 함께 발달된다. 다르게 표현하면 타인에 대한 이타주의가 자기 긍정으로 이어지고 자기 긍정은 자아 발전으로 이어지는 선순환이 이루어지게 된다. 결국 타인을 도와주는 행위는 자신이 더 큰 혜택을 누리고 도움을 받게 되는 결과가 된다. 이 논리대로라면 봉사는 베푸는 것이 아니라 서로 도움을 주고받는 아름다운 나눔인 것이다. 봉사활동을 하는 사람들과 타인을 도와주는 사람들은 그렇지 않은 사람들보다 매사에 긍정적이고 행복지수가 높다는 연구결과가 있다. 이러한 결과에 대해 정신의학에서는 헬퍼스 하이라고 명명한 것이다.

그러므로 자신이 불행하다고 우울해하고 있는 독자가 있

다면 지금 당장 주위 사람들을 도와줄 일이 없는지 찾아 보라. 그리고 도움이 될 만한 일을 실천해 보라. 그러면 그토록 찾아 헤매던 행복이란 감정을 발견하게 될 것이다.

행복은 너무나 물을 닮아있다.

정복자는 승리자이긴 해도 행복하진 않다. 인류 역사를 통해 볼 때 세상을 다 가진 자들과 정복자들은 절대로 행복할 수 없다. 타인을 위해 살아가는 인생이 아니기 때문이다. 하지만 타인을 위해 살아가는 사람들은 가진 것이 없고 이루어 놓은 세속적 업적이 없음에도 불구하고 행복한 삶을 산다.

행복은 마치 어두운 밤에 등불을 통해 느껴지는 빛과 같다. 그것을 누리지 못하는 맹인이라고 할지라도 그 등불을 통해 다른 사람들의 밤길을 밝혀주면 다른 사람들이 행복해하는 마음을 통해 행복해질 수 있을 것이다. 이것이 타인을 도와주는 이타주의자들만이 누릴 수 있는 고차원적인 행복인 것이다.

잘 알고 있듯 선물을 하는 사람은 선물을 받는 사람들의 기뻐하는 모습을 통해 더 기쁘게 된다. 장미꽃을 타인에게 건넨 사람은 자신의 손에 장미꽃의 향기가 오랫동안 남게 된다는 사실을 알게 된다.

이처럼 행복은 이타주의의 성격과 매우 같은 것이다. 타인을 위해 자신의 것을 나누어 줄 때 더욱 더 많은 행복이 흘러들어오기 때문에 행복은 물과 같은 성질을 가지고 있다.

행복의 본질은 물이 흘러가는 성질을 그대로 따라 한다. 물이 가지고 있는 성질과 원리와 매우 흡사하게 행복이 우리 삶에 흘러들고, 흘러 나가면서, 작동하는 것임을 알아야 한다. 물은 낮은 곳으로 흘러가면서 동시에 자신을 비워가는 성격을 가지고 있고, 그렇게 흐르는 존재이듯 우리의 행복도 그렇다. 그런데 우리가 높은 곳만 향해 갈 때에는 우리가 행복할 수 없는 이유가 바로 이런 것이다.

행복은 물과 같아서, 낮은 곳을 바라보고, 낮은 곳을 향해 움직이기 때문이다. 욕망, 집착, 불평, 불만으로 가득 차 있다면, 행복은 우리 삶에 흘러들어 올 수 없다. 그것들이 행복을 가로 막고 버티고 서 있기 때문이다.

이런 점에서 마음이 가난하고, 욕심이 없는 사람일수록 행복할 수 있는 것은 어쩌면 매우 당연한 이치이다. 행복은 너무나 물을 닮아 있기 때문이다.

우리가 낮은 마음으로 타인을 도와주고 자신을 낮추면 행복은 흘러들어 오게 되어 있다. 그리고 자신의 욕망과 욕심을 비워가면서 살아갈 때 행복도 유유상종의 원리에 의해 우리와 함께 있기를 원하게 된다.

낮은 마음을 품지 않는다면 타인을 자신의 몸처럼 생각하고 도와줄 수 없다. 자신을 스스로 낮추지 않는 사람은 다른 사람들 위에 군림하는 것만 좋아한다. 이런 사람들은 타인에 대해 참된 섬김과 봉사를 할 수 없다. 너무 높아졌기 때문이다. 우리는 스스로 낮추고 낮아져야 비로소 타인을 섬길 수 있게 된다. 이렇게 낮아진 마음으로 행복이란 물은 흘러들어와 넘치게 된다.

바다를 이루기 위해 가장 낮아져야 한다는 사실을 명심하자. 가장 낮은 곳으로 물이 흘러가기 때문이다. 우리가 참된 행복을 누리기 위해서는 가장 낮아져야 하고 가장 낮추어야 한다. 낮음은 바로 섬김이고 봉사이며 타인을 먼저 생각하고 존중하는 마음이다. 이러한 낮은 마음이 바로 행복의 길목으로 들어서는 지름길이다.

우리가 온전히 행복하지 못한 이유 중에 하나는 우리와 동일한 존재인 누군가를 온전하게 인정하고 받아들이지 못하기 때문이다. 우리가 신의 피조물이듯 타인 역시 신의 피조물이다. 우리가 그 누군가를 미워하고, 비난하고, 분노를 품게 되면 상대도 분노를 품게 되고, 비난하고, 미워하게 된다. 그렇게 되면 행복한 상태가 아닌 슬픔과 분노의 상태가 되는 것이다.

'당신이 온전히 기쁘지 못한 이유는 신의 창조물인 누군가를 충만한 사랑으로 대하지 않았기 때문이다.'

이것은 '행복을 내일로 미루는 바보'의 저자인 로버트 홀든이 한 말이다. 이 말은 우리가 온전히 행복하지 못한 가장 근본적인 원인에 대해 말해주고 있다.

다른 말로 표현하자면, 우리가 온전하게 행복할 수 없는 근본적인 이유 중에 하나는 성공하지 못했거나 부자가 아니기 때문이 아니라 바로 이기심 때문이다. 우리 자신만 생각하는 이기심은 존재의 본질을 부정한다. 우리는 함께 존재하게끔 만들어진 존재이기 때문이다. 즉, 우리는 사회적 동물인 것이다.

이기심은 불행을 낳게 된다. 그리고 이기심은 타인을 향한 용서를 가로 막는다. 타인을 용서하지 못할 때 더 큰 피해를 입는 사람은 상대방이 아니라 바로 자신이다. 결국 분노와 원한의 종이 되어 진정한 자유를 만끽할 수 없기 때문이다. 즉, 종의 상태, 무엇인가에 얽매여 있는 불완전한 상태, 불안한 상태이기 때문에 행복할 수 없는 것이다.

이렇듯 이기심은 참된 용서를 할 수 없게 하는 가장 큰 장애물이다. 자신을 남들보다 더 사랑하기 때문이다. 이것이 바로 나르시시즘이다. 우리가 타인의 말 한 마디에 깊이 상처를 받고 며칠 동안 슬퍼하는 것도 이것 때문이며 자신의 작은 실수 하나로 인해 오래 동안 후회하며 자신을 용서하지 못하는 것도 이것 때문이다. 우리 인류가 행복한 사람보다 불행한 사람들이 더 많은 이유도 결국에는 나르시시즘 때문이다.

인류 역사를 통해 살펴볼 때 진정 행복하고 가치 있는 삶을 살았던 사람은 자신을 사랑했던 사람들이 아니라 박애 정신을 가지고 그것을 실천했던 사람들이다. 오늘 하루라도 좋다. 내 주위의 사람에게 관심을 가지고 도와주려고 노력해 보라. 믿기지 않을 정도로 자신이 행복해지고, 넉넉해지고, 마음의 평안을 얻게 되는 것을 체험할 것이다.

과학적으로 행복에 대한 유효기간에 대해 조사한 결과 가장 유효기간이 긴 것으로 검증된 행복은 바로 다른 누군가를 도와주는 행복인 것으로 나타났다. 과학적으로 행복해지는 법에 대해 20년 동안 연구하고 있는 '행복도 연습이 필요하다'의 저자인 소냐 류보머스키는 다른 누군가를 도와주는 것이 가장 유효기간이 긴 행복을 느끼게 된다고 말한다. 그리고 다음과 같은 중국 속담을 인용해 행복의 유효기간에 대해 설명하고 있다.

<행복해지기를 원한다면>

한 시간 동안 (행복해지기 원한다면), 낮잠을 자라.
하루 동안 (행복해지기 원한다면), 낚시를 하라.
한 달 동안 (행복해지기 원한다면), 결혼을 하라.
일 년 동안 (행복해지기 원한다면), 유산을 받으라.
평생 동안 (행복해지기 원한다면), 다른 누군가를 도와라.

온전한 사랑을 할 수 있는 사람이 되면 온전히 행복해질 수 있다는 것은 분명한 사실일 것이다. 온전히 사랑을 실천하는 사람은 그 어떤 사람도 사랑하고 용서할 수 있는 사람이며 그럴 때 온전히 행복해질 수 있기 때문이다. 이기주의나 나르시시즘이 우리의 행복을 가로 막는 이유는 사랑이 아니라 자신에 대한 잘못된 집착 탓이기 때문이다. 자신까지 온전히 사랑하는 사람의 경우 자신을 온전하게 받아들이고 인정하며 현재의 자신에 대해 감사하고 만족할 줄 아는 사람이다. 이것이 자신마저 온전하게 사랑하고 인정하며 용서하는 것이다. 하지만 이기심이나 나르시시즘은 그저 자신에게 지나치게 집착하고 오직 자신만 최고로 생각하는 것이다. 그런 상태는 우리를 행복이 아닌 불행으로 이끌어 파멸로 이어지게 된다.

지나친 집착이 아닌 온전한 사랑만이 행복의 기술이며, 원리이고 본질이다. 타인을 사랑하고 도와 줄 때만큼 우리 마음이 깨끗해지고 평화로울 때는 없다. 성공이나 출세를 통해서는 이러한 마음을 구할 수 없다는 사실을 명심해야 한다.

심리학의 새로운 화두가 되어 버린 '행복학'의 권위자들은 한결 같이 행복해지는 방법을 제시하곤 한다. 그중에서 영국 BBC 다큐멘터리인 '슬라우 행복하게 만들기'를 주관했던 6명의 행복 전문가가 제시하는 행복 헌장 십계명 중에는 매일 누군가에게 친절을 베풀라는 항목도 있다. 행복해지기 위해서는 타인에게 친절을 베풀고 타인을 행복하게 해주어야 한다는 것이다. 그렇게 하면 수입이 두 배로 늘어난 것만큼 행복하며 수명도 더 길어지고 건강해진다고 한다.

즉, 남을 도와주면 정신적인 측면과 아울러 신체적으로 더욱더 행복해지고 건강해진다는 것이다. 아울러 행복해질수록 타인을 더 잘 도와준다고 한다. 이러.한 현상을 심리학에서는 '기분이 좋을 때 선행도 더 잘하는 현상(Feel-good, Do-good Phenomenon)'이라고 한다.

즉, 자신이 행복해져야 다른 사람을 도와주고 행복하게 해줄 수 있다는 것이다.

그렇다면 타인을 돕기 위해 우선 무엇을 해야 할까? 해답은 친절이다. 친절을 베푸는 행동은 선행인 동시에 일종의 몰입을 경험하게 한다. 그러한 몰입의 경험은 행복감으로 느껴진다. 친절한 행동을 하는 것은 자신만을 위한 행동과는 차원이 다른 행동이다. 자신을 위해 행동하는 것보다 타인을 위한 친절한 행동이 더 큰 만족감을 주고 오랫동안 유지된다. 긍정 심리학의 창시자인 셀리그먼 박사는 친절에 대해 이렇게 설명했다.

"친절한 행동을 하려면 그 일에 역량을 집중하고 도전을 받아들여야 한다. 친절은 단순한 쾌락처럼 긍정적인 감정을 잠깐 느끼고 마는 것이 아니라, 오히려 온 존재가 그것에 빠져들면서 자신을 잊게 되는 과정이다. 즉, 시간이 멈추는 것이다."

그의 말대로 타인에게 친절을 베푸는 것은 타인을 위한 것이 아니라 그 과정을 통해 우리가 더 큰 행복을 느끼게 된다.

행복은 물질이 아니라 마음에서 나온다.

'우리가 행복해지려고 마음먹은 만큼 우리는 행복해질 수 있다. 우리를 행복하게 만드는 것은 우리를 둘러싼 환경이나 조건이 아니라 늘 긍정적으로 세상을 바라보며 아주 작은 것에서부터 행복을 찾아내는 우리 자신의 생각이다.' <에이브러햄 링컨>

링컨의 말처럼 우리가 행복해지는 데 필요한 것은 조건이나 환경이 아니라 마음뿐이라는 사실을 명심하자. 무엇을 생각하든 그 생각 이상은 우리가 올라갈 수 없는 것처럼 행복 역시 마찬가지이다. 우리가 생각할 수 있는 행복이 바로 우리가 누릴 수 있는 행복이다. 우리가 마음에 품지 못하는 행복은 누릴 수 없다. 이러한 사실을 강조하고 있는 사람이 바로 '내 인생을 바꾼 긍정의 힘'의 저자인 조엘 오스틴이다. 그는 다음과 같이 말했다.

"마음에 품지 않은 복은 절대 현실로 나타나지 않는다. 마음으로 믿지 않으면 좋은 일은 절대로 일어나지 않는다. 우리의 적은 우리의 마음속에 있다. 하나님의 자원이나 우리의 재능이 부족해서 성공하지 못하는 것이 아니다. 하나님이 주신 복을 제대로 누리지 못하는 원인은 바로 우리의 잘못된 생각 때문이다."

그의 말처럼 하나님은 우리에게 선택할 수 있는 힘과 그 선택에 따라 얼마든지 앞으로 나아갈 수 있도록 허락하시는 분이다. 생명과 장수, 부귀 그리고 사망과 저주를 우리 앞에 두시고 선택하도록 하셨다. 우리는 선택을 통해, 생각을 통해 우리의 삶을 얼마든지 바꿀 수 있는 존재이다. 우리가 크고 위대한 생각을 하면 그러한 사람이 될 수 있다. 우리가 평범한 생각을 하게 되면 결국 그 정도의 사람이 된다. 우리가 행복한 생각을 하면 행복한 사람이 될 수 있다. 우리가 슬픔과 고통만 생각하면 슬픔과 고통으로 가득 찬 사람밖에 될 수 없다. 그것이 자연의 법칙이기 때문이다.

유유상종의 법칙이며 인력의 법칙이기도 하다. 우리가 부를 생각하면 부가 우리에게 오고 성공을 생각하면 성공이 우리에게 온다. 우리가 권력을 생각하면 권력이 우리에게 오게 되어 있다. 그리고 행복을 생각하면 행복이 우리에게 오게 되어 있다. 생각 그 자체가 우리를 이끌어가기 때문이다.

생각은 에너지를 갖고 있을 뿐만 아니라 발산도 하면서 일정한 파동을 만들어낸다. 그로 인해 저 우주 반대편이 있을지라도 같은 파동을 가지고 있는 것들을 깨워서 끌어당기게 된다. 그래서 착한 생각을 하는 착한 사람 주위에는 착한 사람이 많이 모여들게 되고 나쁜 생각을 하는 사람 주위에는 사기꾼들이 많이 모여들게 되는 것이다.

비슷한 생각을 하는 사람들이 서로 끌어당겨서 친해지는 것은 생각이 일종의 에너지와 파동을 가지고 있고 끊임없이 발산하기 때문이다. 이러한 유유상종의 법칙을 잘 말해주고 있는 데일 카네기의 말을 살펴보자.

"행복한 일을 생각하면 행복해진다. 비참한 일을 생각

하며 비참해진다. 무서운 일을 생각하면 무서워진다. 병을 생각하면 병이 든다. 실패에 대해서 생각하면 반드시 실패한다. 자신을 불쌍히 여기고 헤매면 배척당하고 만다.”

생각이 곧 우리이며 생각만큼 성장할 수 있고, 성공할 수 있고, 행복할 수 있다. 이는 많은 위인들이 경험한 내용이다. 그중 한 명이 노먼 빈센트 필 박사이다. 그는 ‘인간은 자신이 생각하는 그러한 자기가 아니라 생각 그 자체가 그 사람이다.’ 라고 말했다. 그뿐만 아니라 로마의 황제 아우렐리우스는 ‘사람의 일생은 그 사람의 생각이 만들어내는 것이다.’ 라고 말했고 에머슨은 ‘그가 하루 종일 생각하고 있는 것, 그것이 그 사람의 본질이다.’ 라고 말했다. 또한, 애덤 잭슨은 자신의 저서 ‘행복의 비밀’ 이란 책에서 ‘행복한 사람과 불행한 사람의 차이는 그들이 처한 환경에 있는 것이 아니라 그들의 마음가짐에 있다.’ 라고 말했고 ‘위대한 생각의 힘’ 의 저자인 제임스 앨런은 ‘사람을 성공하게 하거나 파멸시키는 것은 다름 아닌 그 자신의 생각이다. 그래서 사람은 자신이 생각하는 대로 된다.’ 라고 했다. 존 밀스는 ‘삶이란 우리 인생에 어떤 일이 생기느냐에 따라 결정되는 것이 아니라 우리가 어떤 태도를 취하느냐에 따라 결정된다.' 라고 말했다.

'포브스지' 가 선정한 부자 400명에 대한 인터뷰 조사 결과 그들은 아무리 돈이 많아도 아프리카 마사이족의 행복 수준과 동일하다는 사실이 알려졌다. 이 사실은 일리노이 대학의 심리학 교수인 에드워드 디에너 교수의 발표로 알려졌다. 그에 따르면 부자 400명은 일반인들보다 조금 더 행복할 뿐이며 그것은 아프리카의 마사이족의 행복수준과 거의 동일하다고 한다. 부자들이 부자가 되기 위해 투자한 노력과 시간을 상대적으로 비교해보면 아프리카의 마사이족이 훨씬 더 바람직한 행복을 누리고 있는 셈이다. 세상에서 가장 가난한 사람들이 세상에서 가장 부요한 사람들과 비슷한 행복을 누리는 이 사실을 통해 우리는 행복이 우리의 마음가짐에서 비롯된다는 사실을 또 한 번 확인할 수 있다.

'행복은 자신의 바깥에 있는 것이 아니라 마음속에 있음을 알아야 한다.' <쇼펜하우어>

쇼펜하우어의 말처럼 행복은 외부의 조건에 있는 것이

아니라 우리의 마음속에 있다. 우리가 어떻게 마음을 먹느냐에 따라 현재 행복할 수도 있고 불행할 수도 있다. 행복은 오직 마음먹기에 달려 있기 때문이다.

'행복은 우리가 마음먹기에 달려 있다.' <아리스토텔레스>

그러므로 지금 이 순간 행복하다고 마음먹어라. 지금 우리가 행복하지 않다면 큰 손해를 자초하는 것이다. 그것을 자초하는 것은 다름 아닌 우리 자신이고 마음이다.

에이브러햄 링컨은 우리가 '행복하기로 마음먹은 만큼 행복해질 수 있다.' 고 말했다. 똑같이 대학교 입학 험에서 떨어졌지만 한 사람은 더 좋은 대학, 더 좋은 학과를 위해 전진할 수 있는 기회로 삼아 1년 후 지금의 대학보다 더 나은 대학에 입학할 것이라고 마음먹었다. 그러자 재수하는 1년 동안이 힘들고 불행한 시기가 아니라 보다 나은 대학을 위해 전념하는 귀한 시기가 됐고 자신의 능력을 시험해보는 흥미진진한 시기로 만들었다..

하지만 다른 한 사람은 이와 정반대로 생각했다. 시험에

떨어져서 너무나 큰 좌절을 했고 막막함으로 하루하루 방황하면서 아무런 목표나 희망도 없이 시간만 낭비하며 보냈다. 그 결과 공부할 시기를 놓쳐 버려서 더 이상 대학교를 바라볼 나이도, 처지도 안 되어 그냥 길거리에서 장사나 하며 살아가고 있다.

전자와 후자의 차이는 실력이나 행운, 환경이 아니라 오직 생각의 차이일 뿐이다. 여기서 우리는 마음먹기, 즉 생각의 차이가 어떤 결과를 가져오게 되는지 알 수 있다. 즉, 작은 생각의 차이가 평생의 행복과 불행을 가르는 중요한 원인과 계기가 된 것이다. 그러므로 행복은 어떤 조건이나 환경, 행운에 의해 갈리는 것이 아니라 아주 사소한 생각의 차이에 의해 달라진다는 것을 명심해야 한다.

불행한 사건이나 일은 없다. 다만, 그것에 따른 해석만 있을 뿐이다. 그래서 똑같은 일을 당했을 때도 그것이 더 나은 행복을 위한 초석이 될 것이라고 굳게 믿는 사람에게는 불행한 일이 아니다. 하지만 어떤 사람들은 그것을 불행한 일이라고 단정 짓고 슬퍼하고 또 슬퍼한다. 즉, 우리의 마음속에서 어떻게 생각하느냐에 따라서 우리는 얼마든지 행복해질 수 있고 또한 불행해질 수 있다. 그렇기 때문에 행복의 기술은 조건이 아니라 마음인 것이다. 그러므로 오늘부터 행복해질 것을 결단하고 선포하며 외쳐라.

"나는 행복하다."

'나는 행복하다.'

바로 이 말을 통해 행복이 우리에게 찾아오게 되어 있다. 그것이 자연의 법칙이기 때문이다. 자연의 법칙 중 '작용과 반작용 법칙' 이라는 것이 있다. 그것은 현대과학이 밝힌 진리 중에 하나로 모든 작용에는 그에 상응하는 반작용이 있다는 사실이다. 그래서 우리가 무엇을 생각하든 그 생각과 동일한 성질의 것이 그 힘과 동일한 크기로 우리에게 되돌아오게 되어 있다. 그러므로 우리가 행복을 생각하면 행복을 되돌려 받고 행복해질 수 있는 것이다. 행복도 과학의 법칙을 따르는 것이다.

이것은 현대 물리학에서 주장하고 있는 진동이론을 토대로 하고 있다. 현대의 많은 물리학자들은 물질세계가 모두 진동하는 에너지로 이루어져 있다고 보고 있다. 그래서 진동하는 에너지 다발의 진동속도에 따라서 고체가 되기도 하고 다른 물질이 되기도 한다는 것이다. 즉, 진동하는 작은 에너지 다발, 혹은 진동하는 작은 끈이 물질의 근본이라고 주장하고 있으며 이것을 '초끈이론' 이라고 한다. 이것은 거시적 세계에서 나타나는 중력현상을 설명하는 상대성이론과 부합하고 미시적 세계에서 나타나는 양자역학과 부합하는 이론이다. 즉, 두 세계를 모두 설명할 수 있는 유일한 이론이기도 하다.

여기서 중요한 사실은 물질의 근본이라고 생각하는 진동, 즉 에너지가 우리의 생각이 만든다는 사실이다. 생각의 에너지가 세상을 향해 진동을 일으키며 물결치는 것이다. 그로 인해 우리가 어떤 생각을 하든 그 생각과 일치하는 진동, 즉 에너지가 생성되고 그것이 진동하면서 그것과 일치하는 상호작용의 현상이 발생한다..

그래서 우리가 세상을 향해 무엇을 내어주건 반드시 그

것과 동일한 것으로 다시 돌려받게 되어 있는 것이다. 행복을 생각하면 행복을 되돌려 받게 되고 행복해질 수 있다. 이것이 과학적 근거를 가진 행복의 비결이다.

고대 철학자 플라톤은 이 사실을 잘 알고 있었다. 그는 '현실은 생각에 의해 창조된다. 우리는 생각을 바꿈으로써 현실을 바꿀 수 있다.' 고 했다. 즉, 우리가 생각을 바꾸면 바뀐 만큼의 진동이 일어나게 되고 그 진동과 일치하는 에너지를 되돌려 받게 된다. 그것이 바로 현실이라는 에너지이며 진동인 것이다.

이러한 사실을 로마 시대의 마르쿠스 아우렐리우스 역시 잘 알고 있었다. 그는 '인간의 삶은 바로 그 자신의 생각이 만들어낸 것이다.' 라고 말했다. 그의 말대로 생각은 우리의 삶을 행복한 삶으로도 만들 수 있고 그 반대로도 만들 수 있다. 그러므로 우리는 행복한 삶을 만드는 생각을 해야 한다. 생각하면 생각한 만큼 그대로 현실이 되기 때문이다.

중국의 옛 속담에는 이런 말이 있다.

‘내 집이 불타 없어졌다. 그러나 이제 나는 달을 볼 수 있게 되었다.’

행복의 기술은 바로 이것이다. 불행한 사건이나 현실 앞에서도 마음가짐을 남과 다르게 먹는 것이다. 집이 불타 없어졌어도 불행하고 슬퍼하는 것이 아니라 집이 불타 없어졌기 때문에 그 전에는 미처 보지 못했던 달을 마음껏 볼 수 있게 되었으니 이것도 나쁘지 않다는 마음가짐이 바로 행복의 비결이다.

‘적극적 사고방식의 힘(원제: The power of positive Thinking)’의 저자인 노만 빈센트 필은 행복할 수 있는 가장 효율적이고 효과적인 방법으로 ‘마음 고쳐먹기’라고 주장한다.

“당신의 생각을 바꿔라. 그러면 세상이 바뀔 것이다. 행복은 마음먹기 습관을 바꾸려는 노력이다. 행복하다는 생각을 매일 하라. 즐거운 생각을 하면 삶은 끊임없는 즐거움으로 가득 찰 것이다.”

그의 말대로 우리는 생각을 행복하게 바꾸기만 하면 행

복해질 수 있다. 그것이 마음이 갖고 있는 놀라운 힘이다.

우리는 몸에 대해서는 누구보다 잘 알고 있다. 하지만 마음에 대해서는 너무도 잘 모른다. 즉, 영양이 풍부한 식사를 하고 매일 운동을 하면 우리의 몸은 그만큼 강해지고 튼튼해져서 우리에게 건강이라는 선물을 준다. 하지만 먹는 것에 주의를 기울이지 않고 운동도 하지 않으면 우리의 몸은 곧 나약해지고 어딘 가에서 삐걱 소리가 나게 될 것이다. 몸은 이렇게 직접적인 반응을 보여준다.

마음은 이것보다 더 놀라운 반응을 한다. 마음속에 행복이라는 씨앗을 심으면 행복이라는 풍성한 열매와 삶을 되돌려준다. 그러나 불행이라는 씨앗을 심으면 불행이라는 열매와 삶을 되돌려준다. 즉, 아주 작은 생각의 차이가 인생 전체를 행복과 불행으로 갈라놓는다. 이것을 나는 '생각의 나비효과' 라고 부른다. 생각의 나비효과는 바로 미국의 기상학자인 에드워드 로렌츠(Edward Lorenz)가 '나비의 날개 짓 한번이 날씨를 변화시키기에 충분하다.' 라고 한 말에서 유래된 나비효과를 토대로 한 것이다. 즉, 사소한 생각이 우리의 인생에 엄청난 효과와 결과의 차이를 만들어 낼 수 있다는 것이다.

심리학자 매슬로우도 이러한 사실을 잘 알고 있었다. 그는 '마음가짐을 바꾸면 그것이 눈덩이처럼 커져서 결국에는 인생이 달라진다.' 고 말하며 다음과 같이 덧붙였다.

"마음가짐을 바꾸면 태도가 달라진다. 태도가 바뀌면 습관이 달라지고 습관이 바뀌면 성격이 달라진다. 그리고 성격이 바뀌면 인생이 달라진다."

영국의 시인 존 밀턴도 마음의 중요성에 대하여 잘 알고 있었다. 그는 마음을 바꾸기만 하면 지옥과 같은 환경에서도 천국을 경험할 수 있다며 다음과 같이 말했다.

"마음은 자신이 머무는 집이므로 마음만으로 지옥에서 천국을, 천국에서 지옥을 만들 수 있다."

참으로 옳은 명언이다.

행복해지기 위해 어떠한 자격증도 필요하지 않고 어떠한

시험도 칠 필요가 없다. 행복해지기 위해 어떠한 고행이나 대가도 필요 없다. 다만, 마음을 바꾸면 된다. 마음을 바꾼다는 것은 삶에 대한 인식과 견해를 바꾸는 것이다. 즉, 지금 행복한지 아니면 불행한지에 대한 인식을 바꾸는 것이 바로 마음을 바꾸는 것이다.

다시 말해, 인생을 어떻게 보느냐에 따라서 행복이 지금 곁에 여기에 있을 수도 있고 이 세상 어디에도 없을 수 있다. 어떤 마음을 먹느냐에 따라 행복할 수도 있고 불행할 수도 있다는 것이다. 인터넷이나, 일간지 광고에 자주 실리는 문구 중 하나가 바로 이것이다.

'Happiness is now here.'

이 문구는 어떻게 보느냐에 따라서 다르게 해석할 수 있다. 행복은 어디에도 없을 수도 있고(Happiness is no where), 반대로 행복은 지금 여기에 있을 수도 있다(Happiness is now here). 바로 이것이 행복의 본질이며 행복해질 수 있는 기술 중에 하나다. 행복하다고 마음을 먹고 행복함을 누리고자 한다면 지금 이 순간 행복은 우리와 함께 할 것이다. 하지만 행복하지 않다고 마음을 먹고 슬퍼하고 우울해 한다면 실제로 행복은 어디에도 없을 것이다. 그것을 결정하는 것은 우리의 마음이다. 마음먹기에 따라서 까마귀도 길조가 될 수 있다.

에픽테토스는 말했다.
"네가 마음먹기에 따라서는 까마귀도 길조가 될 수 있다."

우리가 무엇이든 감사하면 그것은 감사의 조건이 된다. 우리가 무엇이든 불평하면 그것은 불평의 조건이 된다. 이러한 이치가 행복에도 그대로 적용이 된다. 우리가 무엇이든 행복해하면 그것은 행복의 조건이 된다. 하지만 우리가 무엇이든 불행해하면 그것은 불행의 조건이 된다. 그렇기 때문에 행복과 불행을 결정하는 것은 조건이 아니라 마음이다. 마음이 우리의 삶의 행복과 불행을 결정하는 것이다. 오스트리아의 정신의학자인 빅토르 프랑클은 다음과 같이 말했다.

"행복은 좇아가서 잡을 수 없으며 어떤 일의 결과로써 나타나야만 한다. 인간이 행복하려면 행복해야 할 이유가 있어야 한다. 일단 행복해야 할 이유를 찾으면 인간은 저절로 행복해진다. 인간은 행복을 찾는 존재가 아니라 본래부터 잠복해 있는 잠재적 의미를 실현함으로써 행복할 이유를 찾는 존재다."

그의 말처럼 인간은 행복을 찾고 좇는 존재가 아니라 우리의 삶 속에 본래부터 잠복해 있는 의미를 찾고 의미를 실현함으로써 행복할 이유만 찾으면 행복해질 수 있는 존재다. 그렇다면 우리는 생각과 마음먹기에 따라서 얼마든지 행복의 의미를 찾을 수 있을 것이고 그로 인해 얼마든지 행복해질 수 있는 것이다.

마음먹기에 따라 우리를 불행하게 했던 그 조건들이 우리를 행복하게 해주는 조건들이 된다. 그래서 프랭클린 루스벨트는 다음과 같이 말했다.

"인간은 운명의 포로가 아니라 단지 자기 마음의 포로일 뿐이다."

그의 말대로 우리는 조건의 포로가 아니라 우리 마음의 포로일 뿐이다. 지금 생각하는 것이 무엇이든 그 생각은 우리를 이끌어 미래의 모습을 결정짓는다.

“사람은 자신이 생각하는 모습대로 된다. 지금 자신의 모습은 자신의 생각에서 비롯된 것이다. 내일 다른 위치에 있고자 한다면 생각을 바꾸면 된다.”

데이비드 리버만의 말이다. 즉, 지금 행복하다면 그것은 생각에서 비롯된 것이다. 그리고 지금 불행하다면 그것 역시 생각에서 시작된 것이다. 그러므로 내일 행복하려면 지금 생각을 바꾸어야 한다.

생각은 큰 힘을 갖고 있다. 마치 마법사와 같다. 그래서 생각을 바꾸면 인생이 달라진다. 아무리 보잘것없는 진흙이라 해도 훌륭한 도공의 손을 거치면 아름답고 유용한 것이 될 수 있듯 삶의 조건들이 아무리 볼품없다 해도 훌륭한 생각을 거치면 행복한 삶을 살아갈 수 있다.

부양해야 할 가족들 때문에 자신의 삶을 자기 마음대로 하지 못하는 사람이라도 불행할 이유가 없다. 그 조건들도 행복의 조건이라는 사실을 알아야 한다. 외톨이로 혼자 사는 사람은 아무리 돈이 많아도 함께 기뻐하고 누릴 가족이 없기 때문에 성공의 의미가 퇴색되어 버린다.

또한, 우리를 힘들게 하는 직장도 생계 걱정 없이 가난과 궁핍에서 벗어날 수 있기에 행복의 조건이 되된다. 비행기가 앞으로 나아가는 것을 방해하는 공기는 비행을 방해하는 장애물인 동시에 공기와의 마찰은 비행기가 날 수 있는 조건이기도 한 것이다. 헐렌 켈러는 이렇게 말했다.

'행복의 문 하나가 닫히면 다른 문 하나가 열린다. 그러나 우리는 닫힌 문만 바라보다가 열려 있는 다른 문을 보지 못한다.'

우리가 행복의 다른 문을 보지 못하는 더 큰 이유는 우리의 마음의 문이 닫혀 있기 때문이다. 이 세상과 주위 사람들을 향해 마음의 문을 열게 되면 우리는 얼마든지 행복의 다른 문을 볼 수 있다. 하지만 우리가 이 세상과 주위 사람들을 향해 마음의 문을 닫았기 때문에 더 이상 행복의 다른 문을 볼 수도 없고 열지도 못하는 것이다.

진정한 인생의 성공이란?

하루하루 행복하게 살아가면서 그 결과도 성공이어야 참된 성공이다. 오늘의 행복과 즐거움을 포기하고 내일의 성공을 거머쥔다 해도 그것은 반쪽의 성공일 뿐이다. 그래서 순서가 매우 중요하다.

성공이 먼저 오고 행복이 오는 경우는 거의 없다. 그런 행복은 온전한 행복도 온전한 성공도 아니다. 반면, 행복이 먼저 오고 뒤따라오는 성공은 둘 모두 온전한 것들이다.

행복함으로 성공할 것인가? 아니면 성공을 위해 불행할 것인가? 이것은 오직 선택의 몫이다. 성공이 오면 따라서 행복도 온다는 헛된 망상을 품지 말라. 행복이 와야 성공이 따라서 온다.

행복학의 대미를 장식하게 될 여섯 번째 행복학인 제 6 법칙은 무엇일까? 그것은 바로 행복과 성공의 상관관계에 관련된 법칙이다. 행복과 성공은 연이어 온다. 하지만 순서가 바뀌면 모든 것이 사라질 수밖에 없다. 성공의 본질이 행복의 원인과 매우 가깝기 때문이다. 그래서 행복하게 되면 성공할 수 있고 성공도 찾아온다. 하지만 성공을 먼저 하게 되면 그 성공 때문에 참된 행복은 사라져 버리고 그로 인해 성공까지도 사라져 버린다.

운 좋은 몇 명만이 그 사실을 알고 엄청난 결단을 통해 행복과 성공을 모두 거머쥘 수 있게 되었다. 즉, 성공하게 되면 그 성공 때문에 자칫 행복할 수 없게 되는 상황과 여건이 조성된다. 그래서 누군가는 '행복 하고자 한다면 성공하지 마라.' 고까지 말했다.

왜 성공하게 되면 참다운 행복을 누릴 수 있는 조건과 환경이 상실된다고 말하는 것일까? 왜 성공을 먼저 하게 되면 행복할 수 없을 뿐만 아니라 그 성공마저도 놓치게 된다고 말하는 것일까? 그것은 바로 성공의 참된 본질이 우리가 생각하는 외형적이 성공과 큰 차이가 있기 때문이다. 우리는 성공을 큰 돈을 벌고, 큰 사업을 일으키고, 큰 업적을 이룩하고, 큰 인기를 얻는 것이라 말하지만 그것은 성공한 삶을 산 것이 아니다. 큰 사업을 일으킨 것도, 큰 업적을 이룩한 것도, 세상을 다 차지하고 정복한 것도 성공한 삶을 산 것은 아니다. 성공은 그런 외형적인 것들에 있는 것이 아니기 때문이다.

그렇다면 성공은 어떤 것이며 어떠한 것들 속에 있을까? 이러한 질문에 가장 잘 대답한 사람은 현재 가장 큰 성공을 거두었다고 평가받고 있는 인물인 워렌 버핏이다. 그가 성공한 삶을 살았다고 평가하는 이유는 그가 가장 많은 돈을 벌었기 때문이 아니다. 가장 가치 있게 돈을 사용했기 때문이며 주위에 있는 사람들로부터 사랑을 받고 있으면서도 자신의 분야에서 일인자로 큰 업적을 남겼기 때문이다. 대학생들과의 좌담회에서 그는 성공의 정의에 대해 다음과 같이 말했다.

“저는 성공이라는 측면에 대해 이렇게 말하고 싶습니다. 이 말은 여러분들을 매우 놀라게 할 수 있습니다. 저는 제 나이가 되어서 자신을 사랑해 주는 많은 사람들을 가진 이들을 알지 못합니다. 사랑해 주는 사람들이 거의 없는 것은 성공이라고 말할 수 없습니다. 만약 여러분이 성공적인 삶을 살아왔다면 여러분이 늙더라도 여러분 주변의 사람들, 즉 여러분의 가족, 사업상의 동료들, 이웃들 등 모든 사람들이 여러분이 하는 일을 사랑해 줄 겁니다. 이와는 반대로 놀라울 정도로 부유하고 자기 이름을 딴 학교까지 세웠으며, 자신의 이름으로 저녁 만찬도 여는 사람들 중에는 아무도 사랑해 주지 않는 사람도 있습니다.

나는 그 사람들이 알고 있기를 바랍니다. 인생에서 그 나이가 되면 모든 것들이 얼마나 공허해지는 것인지. 그들은 많은 업적을 남겼고 '포브스'의 400대 부자에도 드는 사람들입니다. 저는 그들이 누구라고 말은 안 하겠습니다. 이와 반대로 저는 아주 평범한 직업을 가진 성공한 사람들을 알고 있습니다. 모든 종류의 상황에서 그들 주변의 사람들이 그들을 사랑합니다. 그럴 경우에 그들은 매우 성공했다고 느끼게 됩니다."

성공에 대한 그의 견해처럼 성공은 큰 부자가 되는 것이 아니며 큰 업적을 달성해야만 하는 것이 아니다. 주위 사람들로부터 사랑받고 줄 수 있는 좋은 인간관계를 만들 수 있는 사람이라면 누구나 할 수 있는 것이다. 세상을 다 가지고 정복한 정복자 나폴레옹도 주변 사람들로부터 사랑을 받지 못했기 때문에 '행복한 날이 겨우 6일 밖에 되지 않았다.' 고 고백했던 것이다.

성공의 본질은 돈과 명예, 권력과 업적, 인기에 있는 것이 아니라 관계 속에서 만들어지는 사랑에 있다. 그래서 이러한 성공의 본질은 행복의 원인과 매우 비슷하다. 그렇기 때문에 행복한 사람들은 성공의 절반을 이미 갖고 있는 사람과 다름없다. 행복한 사람들은 이미 반쯤은 성공한 사람들과 다름없는 것이다.

그래서 행복이 오면 연속적으로 성공이 연이어 온다는 제6 법칙은 옳다. 하지만 불행한 사람이 우여곡절 끝에 성공이라고 부르는 것을 획득하게 되었다면 행복해지는 것은 고사하고 이미 획득한 성공조차도 위태롭게 될 수 있다. 성공을 오랫동안 유지하기 위해 필요한 것은 좋은 인간관계와 행복이기 때문이다. 좋은 인간관계와 행복은 성공했다고 해서 저절로 주어지는 것이 아니기 때문이다.

따라서 불행한 사람이 엄청난 노력과 희생을 통해 성공해도 그 성공은 오랫동안 유지될 수 없는 것이다. 그래서 성공이 먼저 오면 절대로 행복이 올 수 없을 뿐만 아니라 행복이 뒷받침되지 않는 성공은 절대 오래 유지 될 수도 없다. 행복이 뒷받침되지 않는 성공은 상처뿐인 영광이며 빛바랜 성공이다.

성공이 먼저 만나는 바람에 그 성공을 오래 유지하지 못하고 많은 것들은 남겨 놓은 채 세상을 마감하게 되는 사람들이 적지 않다. 그중 한 명이 앞서 소개한 록펠러이다. 그 역시 성공이 먼저 왔기 때문에 불행한 삶을 살았고 그로 인해 세계 최고의 갑부가 되자마자 곧 불치병으로 고통받게 된 것이다. 그래도 그는 극적으로 인생을 반전시켜 행복한 여생을 보냈다.

모든 사람이 록펠러처럼 극적인 삶을 살 수는 없다. 그렇기 때문에 성공하기 위해 먼저 애쓰고 노력해서는 안 된다. 먼저 행복하게 살기 위해 행복해져야 한다. 우리가 행복하게 살며 행복하게 일을 한다면 실패를 해도 그 실패조차 행복하게 받아들이며 살아갈 수 있게 된다. 행복한 사람들은 쉽게 좌절하지 않고 쉽게 포기하지 않을 뿐만 아니라 알 수 없는 에너지가 샘솟게 되어 실패를 하게 되더라도 마치 한 번도 실패하지 않은 것처럼 성공을 일구어 내는 것이다.

랄프 왈도 에머슨은 무엇이 성공인지 잘 설명해 주는 유명한 문구를 남겼다.

'당신이 건강한 아이를 낳든, 자그마한 정원을 가꾸든, 자기가 사는 사회 환경을 개선하든, 당신이 한때 그곳에 삶으로써 단 한 사람의 인생이라도 행복할 수 있었다면 그것이야말로 진정한 인생의 성공이다.'

그는 자신의 삶을 통해 단 한 사람의 인생이라도 행복할 수 있다면 그것이 성공이라고 정의를 내렸다. 즉, 행복할 수 있다면 그것이 바로 성공이라고 말한 것이다.
우리는 행복과 성공을 분별하지 않고 사용한다. 하지만 성공을 하면 그것이 곧 행복이라고 말하는 사람은 매우 적다. 찾아보기 힘들 정도다. 하지만 행복한 삶을 살면 그것이 곧 성공한 삶이라고 말하는 사람들은 쉽게 찾아볼 수 있다. 즉, 행복하면 성공도 오지만 성공한다고 해서 행복이 오는 것이 아니라는 것이다.

‘적극적 사고의 힘’, ‘성공하는 사람들의 7가지 습관’, ‘시크릿’ 등 위대한 성공학 사상을 낳은 성공학의 태두 오리슨 스웨트 마든은 부와 성공의 비밀이 담겨있는 불후의 고전인 ‘미라클(원제: The Miracle)’에서 진정한 성공에 대해서 다음과 같이 밝히고 있다.

‘진정한 성공이란 영혼이 풍요롭고 완전하다는 사실을 내면으로 의식한다는 뜻이다. 풍요의 근원이자 무한한 공급원인 신과 하나임을 의식하는 것이다. 모든 좋은 것을 누릴 수 있음을 의식하는 것이다.’

이처럼 외적으로는 단 한 영혼이라도 자신을 통해 행복하게 되는 것이 참된 성공이며 내적으로는 풍요롭고 완전하다는 사실을 의식하는 것이 진정한 성공이다.

‘완벽을 잊어라’의 저자 중 한 명인 리사 얼 맥리오드는 이렇게 말했다.

“내 인생이 꼭 어떤 식으로 흘러가야 할 것만 같은 생각, 내가 이상적으로 그리는 완벽한 그림을 포기하고 나면 지금 내 인생 그대로 즐기는 법을 알게 된다.”

그의 표현을 빌리자면 행복해지기 위해 필요한 것은 성공이 아니라 지금 내 인생 그대로 즐기는 법을 아는 것이다. 행복해지기 위해 성공이 필요한 것이 아니다. 지금 내 인생을 그대로 즐기는 법을 아는 것이 우리를 행복으로 이끌어 줄 것이다.

행복해지기 위해 돈과 명예, 출세, 입신, 권력, 부귀, 영화, 이 모든 것들이 필요할까? 필요하지 않다. 이 모든 것을 가진 사람 중에서도 너무나 불행하고 비참한 삶을 살다 간 사람들이 많다는 사실을 알아야 한다.

행복해지기 위해 필요한 것은 지금 나 자신의 상황과 조건을 받아들이고 인정하는 것이다. 성공할 때까지 기다리거나 우리의 행복을 성공의 종속변수로 생각해서는 안 된다. 그러한 생각들은 과감히 떨쳐버려야 한다.

그래서 자신의 일을 즐길 줄 아는 사람이 행복한 사람이다. 그리고 자신의 일을 즐길 줄 아는 행복한 사람은 반드시 자신의 일을 통해 성공을 하게 된다. 즉, 행복한 사람이 되어야 성공이 따라온다는 사실이다. 행복해지기 위해 필요한 것들 중에 하나는 자신이 미칠 수 있는 일을 발견하고 그 일을 즐거워하며 즐기는 것이다.

열심히 하는 자들은 그 일을 좋아하는 자들을 당해낼 수 없고, 그 일을 좋아하는 자들은 그 일을 즐기는 자들을 당해낼 수 없다. 그렇기 때문에 일을 즐기는 것이 행복의 조건 중에 하나라고 말할 수 있다.

지금 내 인생을 그대로 즐기는 법은 타인과 비교하지 않고 당신 자신이 되는 것이다. 그리고 욕심을 버리는 것이다. 그리고 이미 가진 것들의 참된 가치를 깨닫고 감사하는 것이다.

지금 내 인생을 그대로 즐기는 법은 내 모습 그대로 인정하고 받아들이고 용서하는 것이다. 자신의 부족함과 연약함과 실수를 모두 그대로 인정하고 온전하게 받아들이면 그때부터 마음의 평화가 생기게 된다. 그러한 마음의 평화가 토대가 되어야 내 인생이 즐거워지는 길에 들어서게 되는 것이다.

내가 어제 실수한 것을 후회하지 말고 내 모습을 그대로를 인정하고 받아들여보자. 그리고 지금도 충분히 행복하다는 사실을 명심하자. 우리는 대한민국에 지금 태어나서 살고 있다는 것만 해도 큰 축복이며 큰 행운이다. 그러므로 당신은 이미 충분히 행복하다. 그러므로 지금 당신의 인생을 마음껏 즐겨라.

'나는 사람이 자기 일에 즐거워하는 것보다 더 나은 것이 없음을 보았나니.' 라고 지혜의 왕 솔로몬은 말했다.

성공을 위해 평생을 바쳐서 성공을 하는 사람보다 매일 일상에서 자신이 하는 일을 즐거워하는 사람이 더 낫다. 이것이 인생을 그대로 즐기는 법이다.

Epilogue / 행복으로 성공을 꿈꾸는 이들에게

이 책을 통해 우리는 무엇보다 중요한 사실, 즉 행복한 사람이 결국에는 성공도 하게 된다는 사실을 발견했다. 그리고 이제 우리는 그러한 사실을 이론적으로 아는 것에 끝나서는 안 된다. 그것을 실천해야 한다. 그러한 실천을 위해 이 책이 제시하는 방법들은 여러 가지이다. 수많은 심리학자들은 운동, 긴장완화, 명상, 요가, 일에 대한 몰입, 건전한 인간관계 등을 제시하면서 행복해지기 위한 직접적, 또는 간접적 방법이라고 말하고 있다. 그러나 행복해지기 위한 방법은 그냥 행복해하는 것이다. 즉, Just be happy! 그냥 행복해하라. 그렇게 행복해하는 것으로 인해 일에 몰입을 더 잘 할 수 있고, 운동을 즐길 수 있고, 긴장이 완화될 수 있고, 좋은 인간관계를 맺을 수 있고, 유지할 수 있다.

'행복은 이제 인생 최대의 목표가 아니다. 인생 최대의 삶의 도구이며 처세여야 한다.'

이것이 인류가 새롭게 선택해야 할 새로운 행복론이며 새로운 행복 패러다임이다.

독자들이여, Just be happy! 그냥 행복해하라!

이것이 행복의 최고의 비결이다. 그리고 이것은 성공의 최고의 비결이기도 하다는 사실을 잊지 말라.

독자들이여, 오늘 행복해야 내일도 행복할 수 있고 오늘 행복해야 내일 성공할 수 있음을 명심하자.

신경생물학적 연구 결과 행복의 주재료는 사랑이라고 한다. 그래서 사랑을 받고 자란 아이들이 그렇지 못한 아이들보다 훨씬 더 공부도 잘 하고 더 건강하다는 연구결과가 나오고 있고 사랑을 받고 인정을 받는 직원들이 그렇지 못한 직원들보다 훨씬 더 업무성과가 탁월하다는 연구 결과도 쏟아지고 있다.

이러한 현상들이 모두 사랑의 힘이다. 그리고 그 사랑이라는 하나의 씨앗이 열매를 맺어 우리 삶에 나타나는 것이 바로 행복인 것이다. 그러므로 서로 사랑하는 것이 가장 큰 행복이고 이것을 위해 어떠한 부와 성공도 필요하지 않다. 지금 이 순간 사랑을 하지 않는 사람은 내일은 하기가 더 힘들어지게 된다. 사랑의 결과인 행복 또한 성공적인 인생의 씨앗과 같은 것이다. 그러므로 오늘 행복하게 살지 않는 사람은 내일은 행복하게 살기가 더 힘들어진다. 인간은 쉽게 습관의 노예가 되기 때문이다.

작은 것에 감사하고 일상 속에서 사랑을 실천하는 사람은 결국에는 큰 행복도 누리면서 살 수 있게 된다. 그것이 씨앗의 힘이다. 오늘의 행복은 오늘로서 끝나는 것이 아니라 내일의 행복의 씨앗이 된다는 사실을 명심하자. 그것만으로 끝나는 것이 아니라 성공적인 삶의 기초와 토대가 된다는 사실도 명심하자. 그렇기 때문에 우리는 행복하게 살아야 한다.

그리스의 유명한 스토아 학파의 철인인 에픽테토스는 다음과 같은 말을 했다.

"나는 죽어야 한다. 하지만 그렇다고 해서 내가 슬퍼하며 죽어야 하겠는가? 나는 사슬에 묶여야 한다. 그렇다고 비탄에 젖어야 하는가? 나는 추방당해야 한다. 그렇다 해도 즐거워하고 만족스러워하면서 갈 수는 없는 것일까? 누군가 당신을 감옥에 가둔다고 할 때 당신은 뭐라고 말할 것인가? 당신은 내 몸을 감옥에 가둘 수 있지만 나의 정신은 제우스라도 억압할 수 없다."

그의 말처럼 우리의 정신은 제우스라도 억압할 수 없기 때문에 어떠한 조건에서도 행복을 선택할 수 있다. 그리고 행복을 기다릴 필요가 없다. 마음만 먹으면 행복은 우리에게 찾아오기 때문이다.

더 나은 상황이 될 때까지, 더 나은 출세를 할 때까지, 더 나은 입신을 할 때까지, 행복을 기다리며 미룰 필요가 없다. 절대 행복을 미루지 말라.

"바로 지금 이 순간 Right now, 단지 그대는 행복 하라. 그러면 성공이 찾아 올 것이다. Just be happy and score a success."

이것이 독자들에게 전해주고 싶은 유일한 당부의 말이다.

판권

초판 인쇄: 2025년 12월 10일
초판 발행: 2025년 12월 10일

펴낸이: 김병완
펴낸곳: (주) 플랫폼연구소

출판등록: 제 2020-000075호

이메일: pflab2020@naver.com

주소:서울시 강남구 삼성동 116 백우빌딩 402호

ISBN 979-11-24195-19-2(03190)